甘棠丛书
清人联语别集笺注

張之洞

联语辑注

联语－张之洞
辑注－潘洪斌

广西美术出版社

图书在版编目（CIP）数据

张之洞联语辑注 / 潘洪斌辑注. —南宁：广西美术出版社，2022.1
ISBN 978-7-5494-2480-1

Ⅰ.①张… Ⅱ.①潘… Ⅲ.①张之洞（1837-1909）—人物研究 ②对联—作品集—中国—清代 Ⅳ.①K827=52②I269.6

中国版本图书馆CIP数据核字（2022）第006890号

张之洞联语辑注

ZHANG ZHIDONG LIANYU JIZHU

出 版 人：陈　明
终　　审：谢　冬
责任编辑：刘　丽
版式设计：莫非楹联工作室
封面设计：广大迅风艺术刘瑞锋
美术编辑：李　力
责任校对：卢启媚　吴坤梅
审　　读：肖丽新
监　　制：莫明杰
出版发行：广西美术出版社
地　　址：广西南宁市青秀区望园路9号
邮　　编：530023
印　　刷：广西社会福利印刷厂
开　　本：787 mm × 1092 mm 1/16
印　　张：17
版次印次：2022年3月第1版第1次印刷
书　　号：978-7-5494-2480-1
定　　价：58.00元

甘棠丛书

南皮张文襄公像

总序

对于一种文体的研究而言，相关文献是最重要的资料。而在这些文献之中，以作者为单位的个人文集肯定是文献研究的基础。如果没有版本精良的李白诗集、杜甫诗集、王维诗集，很难想象唐诗研究应该如何开展。然而，当代的对联研究（包括对联创作研究）却实实在在地遇到了这样的尴尬。

对联虽然一直不被认可是主流文学，但明清以来仍然有许多备受推崇的对联名家，比如曾国藩、俞樾、薛时雨、梁章钜、江峰青等人——当然他们最主要的文学成就也许并非对联。也正是这种“不被认可”，导致很多对联名家的对联集我们都难以见到。之所以难以见到，有多种原因：有的是本身就没有将对联结集，后人也没有进行较完善的整理工作；有的是虽然整理过对联集，但后来散佚或一直未被发现，当代也没有人重视和重新整理。无论如何，都不得不说这是一件非常遗憾的事情。

民国《古今楹联名作选粹》的序言里写道：“曾、左、彭、郭干戈之余未尝忘情于此事，勾心斗角，各擅胜场，而曾尤自负，雄而能浑，文正有焉。同时薛、俞独能别辟町畦，洒脱自喜，以风致取胜。唯俞晚年之作，纯任自然，学之不善，致流入率意一路，要皆一代之作者也。”再结合一系列联话类文章来看，曾国藩、薛时雨、俞樾当属清代最负盛名的三位对联名家。那么，他们三人对联集的流传情况如何呢？

据说，曾国藩曾于对联颇为自诩：“吾他日身后，文采传世，正不可必，但必有楹联一书行世。”遗憾的是，曾国藩生前并未将对联结集，只有许铭彝的《曾左联语合钞》、卢述度的《六家联语合钞》收录了曾国藩《求阙斋联语》的部分对联，前者记127副，后者记69副，均非全本。

此外，尚有《曾文正公联语》《曾文正公联语选录》等书，收录对联数量各不相同。新中国成立以来，也有不少人整理曾国藩的对联，但是否能做到“应收尽收”和“去伪存真”也不好说，毕竟曾国藩对联的源头过于复杂，考辨起来也非易事。

薛时雨的对联大多收录在《藤香馆小品》一书中，分为卷上、卷下，由杨晓岚搜集、刊印。当时薛时雨尚在世，为联集作序。此书可能有两个版本，一是癸酉（1873年）本、一是丁丑（1877年）本。薛时雨去世后，他的两个儿子薛葆楹、薛葆柽又增补了一些对联，编为续上、续下，与之前的《藤香馆小品》一同刊印，仍用旧名，此书为丁酉（1897年）本。癸酉、丁丑本出入不大，收联328副，丁酉本补入对联139副，共计467副。薛时雨的对联版本较好，其生前便已过目，去世后补编之人又是至亲，所以补遗、考证的任务应该不重。但是，这几个版本的《藤香馆小品》都不常见，新中国成立后也缺少必要的整理和点校，研究对联之人未免会生出“夫子之墙数仞，不得其门而入”的感慨。

三人之中，俞樾对联集的版本应该是最复杂但也是最“友善”的。俞樾著有《春在堂全书》，其中便有《楹联录存》的部分，各版本卷数不等。《楹联录存》中的对联排布很有特点，并非按照体例而是按照时间为顺序，每副对联均有小序写明创作的缘由。因此，通过对联和小序考证《楹联录存》的版本并非难事。目前较常见的有如下版本：同治十年本、光绪三年本、光绪五年本、光绪七年本、光绪九年本、光绪十年本、光绪十五年本、光绪二十年本、光绪二十三年本、光绪二十五年本、民国三年本、民国二十三年本等（俞樾的书牌有些并不准确，刊刻之后增订的现象较多）。一些版本刊刻的时候俞樾尚在世，自非足本，最终的版本有1000多副对联，自撰和集字各占一半，还有些附录悼挽俞樾的200余副挽联。当代出版过一些《春在堂全书》的点校本，因为可参校的底本众多，所以点校工作并不困难，俞樾的联集也比较常见。

以上三位对联大家的对联集体现了三种不同的整理情况：曾国藩的难度最大，因为缺少完备的底本，所以需要详加搜集、考辨，恐非一时半会儿之功；薛时雨的难度适中，只要找到完整的联集底本加以点校即可，需要补遗的作品也不多，只是缺少参校本会对点校者识文断字的要求更高一些；俞樾的难度最低，当代的点校本已经比较完善，再钩沉一些史料、处理一些细节即可。

还有一些对联集整理起来比较棘手：梁章钜、胡君复没有对联集，他们的对联分别收录在自己编著的联话类著作《楹联丛话》《古今联语汇选》中，大约100副，在此之外恐怕还有一些散佚对联需要整理；范当世有自己的对联集，但已经无处可寻，只有曹文麟摘抄了91副对联辑为《范伯子联语》；江峰青有《里居楹语录存》《魏塘楹帖录存》《清隐庐楹联录存》等对联集传世，但均属于阶段性或地域性对联集，是否还有其他作品或联集实在不好说；张謇的对联集由其子张孝若收录到《张季子九录·外录》中，共计400余副，但张謇日记中还有大量对联未收录到对联集中，以及大量墨迹需要辨别是“撰书”抑或是“书他人句”；彭玉麟、张之洞、黄体芳所作对联不少、质量颇高，但既没有现成的对联集，也缺少后续的整理工作……虽然棘手，但这些对联集以及与它们相类似的一系列对联集，都是非整理不可的。因为创作者都是对联史上极重要的作者，就像唐诗中的李白、杜甫、王维、孟浩然、白居易、李商隐、杜牧一样。

对联集的整理和点校如此艰难而又如此重要，势必要作为一项浩大的工程来完成。因此，我们成立了《甘棠丛书》编委会，专门设立“清人联语别集笺注”项目，努力让那些“养在深闺人未识”的对联集尽早地“飞入寻常百姓家”。除了搜寻、整理、辑佚、点校、辨伪、考讹，笺注工作同样重要。对于这套书，我们的定位是：既有史料意义，又有阅读价值。实际上，许多资料性质的书籍往往被束之高阁，只有需要的时候才会被拿出来查阅一番。但高质量的笺注，不但是对对联资料的补充，也会为对联爱好者阅读、学习对联带来便利。理想的笺注除了辨析联语来源、注释词汇典故外，还会涉及对联审美层面的内容。如何欣赏、如何创作、如何把握脉络、如何运用技巧，这些同样是要点所在。

如前所述，“清人联语别集笺注”是一项浩大的工程，远不是数人之力就可以完成的。我们只是提供一个平台和必要的支持，将当代对联研究者的力量集合起来，共同来完成这个看似不可能完成的工作——除了毅力和学养，或许还需要一点运气。

但无论如何，我们总算迈出了第一步。

辛丑寒食节 吴文博于弘农

自 序

张之洞联语辑注，不唯难于注，尤难于辑。无锡许同莘《编辑张文襄公全书叙例》云："（文襄公）联语最多，自壬辰、癸巳以后，幕府张望屺（曾畴）先生为之代笔，尝裒集成帙，国变后为火所毁，暇日尚拟广为搜集，合单词片语，成《丛录》一种。"张、许皆为文襄公督鄂幕僚，张且为许之舅父，斯言可信。民国十一年（1922年）十月，许同莘校录《广雅堂杂著》，后附《联语存录》。至民国二十六年（1937年）五月，新城王树枏编《张文襄公全集》，收入《续修四库全书》，流布愈广，后来居上，顾于联语一体，略而不录。新中国成立后，《张文襄公全集》有台湾文海出版社六册本（1963年）、中国书店"海王村古籍丛刊"四册本（1990年），皆影印旧版，并无增补。1998年，苑书义等主编《张之洞全集》（河北人民出版社初版），于诗集后附联语48副。2008年，赵德馨等重编《张之洞全集》（武汉出版社初版），增补内容的同时，芟除联语，个中原委，诚如编者所言："整理前人文集，唯恐失其本真，去伪存真，乃编纂文献之第一要事。"由此愈知辑证之难也。

张文襄以探花之学、大吏之尊，妆点山河，酬应人事，所撰书联语，应不在少数。其门生张继煦之婿胡治熙曾言"（张）在鄂时对僚属多半送过对联，任各县教谕者必每人得其一联"。更且醉心诗钟，通宵达旦，乐此不疲，至有累煞侄婿黄绍箕之逸闻，足见癖好之深。然咳唾随风，弃之太半，唯于近代文集、联话、稗官杂著中略见一二。2010年，张之洞南皮同乡王玉良辑《张之洞联语》一册，厘为手迹、集录、研究、轶事四类，筚路蓝缕，功不可没。沧州学者孙建尝辑《沧州联话》，草创近半而因事搁置，其中张之洞联话增订尤多。知余发心辑注，乃慨赐书稿，惠我良多！

余伏处草莽，难窥庙堂之尊；读书粗率，未解经纶奥旨，于文襄公之高怀逸兴殊少体会，唯寻章摘句爬梳钩沉，试辑其联语并简注之，何敢自矜创获，聊借自检浅学尔。编辑体例略效郭象《庄子注》，凡全联有据，坚确可信者入“内篇”，详加注解，为本书之枢轴。凡与人合作或存疑、误录者入“外篇”，其中书法部分尤多委托无稽，非为矜奇炫博，正恐后来滥入耳。凡他人为张公所撰者入“杂篇”，《张文襄公荣哀录》世不经见，姑全录之以存史料。草稿粗成之际，蒙联坛名宿景常春先生细加订正，匡我不逮，特此鸣谢！

庚子秋 潘洪斌于青县

目 次

张之洞年谱简编

道光十七年（1837年）

八月初三日，生于贵州兴义府。父张锳，南皮人，时任兴义府知府，母朱氏。

道光二十年（1840年）

四岁。母朱氏卒。

道光二十一年（1841年）

五岁。入塾就学。

道光二十八年（1848年）

十二岁。师从胡林翼，学有所成。

道光三十年（1850年）

十四岁。应试，入县学。

咸丰二年（1852年）

十六岁。回原籍应直隶顺天府乡试，中式第一名举人。

咸丰四年（1854年）

十八岁。在兴义城娶石夫人。

咸丰五年（1855年）

十九岁。秋，奉父命入京。

咸丰六年（1856年）

二十岁。三月，赴礼部试，考取觉罗官学教习。七月，父张锳病死军中。

咸丰七年（1857年）

二十一岁。父张锳归葬南皮，在籍守制。

咸丰九年（1859年）

二十三岁。二月，将赴会试，因族兄张之万为同考官，循例回避，在家乡南皮办清平团练。

咸丰十年（1860年）

二十四岁。六月，长子张权生。八月，英法联军陷北京，秋冬至济南，入山东巡抚文煜幕府。

咸丰十一年（1861年）

二十五岁。三月，回南皮，后赴任丘，为塾师。

同治元年（1862年）

二十六岁。正月，入都。三月，应会试，落榜。后入河南团练帮办毛昶熙幕府。七月，入河南巡抚张之万幕府。

同治二年（1863年）

二十七岁。二月，入都。三月，会试。四月，榜发，中贡生。十四日，殿试，列一等一名；廷式对策，列一甲第三，赐进士，授职翰林院编修。

同治四年（1865年）

二十九岁。五月，石夫人卒于京寓。

同治六年（1867年）

三十一岁。六月，充浙江副考官。八月，简放湖北学政。

同治八年（1869年）

三十三岁。在武昌创建经心书院。

同治九年（1870年）

三十四岁。正月，续娶唐夫人。本年岁科两试毕，择中式八股之雅驯者，编刻《江汉炳灵集》。十月，任满交卸入京，在北京与潘祖荫、王懿荣、吴大澂、陈宝箴等清流名彦结交。

同治十年（1871年）

三十五岁。充翰林院教习庶吉士。

同治十一年（1872年）

三十六岁。十二月，唐夫人卒。

同治十二年（1873年）

三十七岁。六月，充四川乡试副考官，简放四川学政。

同治十三年（1874年）

三十八岁。整顿四川科举积弊，商建尊经书院。

光绪元年（1875年）

三十九岁。春，尊经书院成。著《輶轩语》《书目答问》。

光绪二年（1876年）

四十岁。八月，娶王夫人。十二月，任满交卸返京。充文渊阁校理。

光绪三年（1877年）

四十一岁。在京充教习庶吉士。

光绪五年（1879年）

四十三岁。二月，王夫人卒。补国子监司业。八月，补授左春坊中允。九月，转司经局洗马。

光绪六年（1880年）

四十四岁。五月，转翰林院侍读，旋晋左春坊右庶子。七月，充日讲起居注官。八月，转左春坊左庶子。

光绪七年（1881年）

四十五岁。二月，补翰林院侍读学士。六月，擢内阁学士，兼礼部侍郎衔。七月，长孙张厚琨生。十一月，补授山西巡抚。

光绪八年（1882年）

四十六岁。正月，出京赴山西任巡抚。禁革山西种种陋规。

光绪九年（1883年）

四十七岁。筹办山西练军，设洋务局、桑棉局、铁绢局，创办令德书院。

光绪十年（1884年）

四十八岁。三月，中法在北宁开战。五月，赴京陛见，署理两广总督。七月，补授两广总督。

光绪十一年（1885年）

四十九岁。二月，起用冯子材取得镇南关大捷，中法于巴黎签订停战条约。

光绪十二年（1886年）

五十岁。三月，设广雅书局。五月，兼署广东巡抚。九月，创设枪弹厂。

光绪十三年（1887年）

五十一岁。闰四月，创建广雅书院，设办理洋务处。六月，创办水陆师学堂。

光绪十四年（1888年）

五十二岁。二月，设采访局，采访忠义孝悌之士，节孝贞烈妇女，及品节清纯、潜修继学足以矜式士林者。

光绪十五年（1889年）

五十三岁。二月，令南雄、韶州、连州三属建北江书院。三月，筹设枪炮厂。四月，铸钱厂建成。七月，调补湖广总督，奏设纺纱厂。十月，交卸两广总督篆务。十一月，抵鄂。

光绪十六年（1890年）

五十四岁。正月，奏请移设枪炮厂于湖北，设矿务局（后改名铁政局）。闰二月，筹建枪炮厂于汉阳大别山下，筹建织布局于武昌城外。四月，创建两湖书院。十月，修襄阳鹿门书院。是年五月至十二月间兼署湖北提督。

光绪十七年（1891年）

五十五岁。正月，湖北织布局开场兴建。五月，设方言商务学堂。设湖北舆图总局，以邹代均为总纂。八月，炼铁厂开工兴建。

光绪十九年（1893年）

五十七岁。四月，大理寺卿徐致祥参劾张之洞“辜恩负职”，经李瀚章等确查具奏，将徐奏驳回。八月，奏请设厂开铸银元。九月，炼铁厂工程竣工。十月，设自强学堂。

光绪二十年（1894年）

五十八岁。七月，清政府对日宣战。十月，两江总督刘坤一北调主持军务，张之洞署理两江。

光绪二十一年（1895年）

五十九岁。正月，湖北银元局成。五月，筹练自强军，扩充湖北枪炮厂。七月，议设商务局。十一月，奏明创练自强军，奏陈筹办江浙铁路。十二月，创办储才学堂，创设陆军学堂、铁路学堂。移建松江火药库，招商设纱厂于南通州。

光绪二十二年（1896年）

六十岁。正月，创办蚕桑学堂。四月，设官钱局。七月，创设武备学堂。

光绪二十三年（1897年）

六十一岁。正月，筹备铸钱局。六月，纺纱局成。九月，筹设农务学堂。

光绪二十四年（1898年）

六十二岁。二月，奏设农务学堂，开办工艺学堂，创设制麻局，撰《劝学篇》。九月，派学生游学日本。

光绪二十五年（1899年）

六十三岁。三月，创办《商务报》。十一月，设农务局，办《农学报》。

光绪二十六年（1900年）

六十四岁。四月，义和团起于北方。五月，令江汉关道照会各国驻汉口领事“力任保护”，会同刘坤一与驻沪各领事议定“东南互保”协议。

光绪二十七年（1901年）

六十五岁。与刘坤一会奏“变法三疏”。十二月，长孙张厚琨卒。

光绪二十八年（1902年）

六十六岁。四月，改两湖书院为两湖大学堂、自强学堂为文普通学堂、武备学堂为武高等学堂，设武普通学堂，创建湖北师范学堂；经心精舍与江汉书院合并改为勤成学堂。五月，创办湖北省城警察。八月，银元局新厂改称湖北铜币局。九月，刘坤一卒，再次署理两江总督。十月，交卸湖广总督篆务，抵江宁。十一月，魏光焘调补两江总督，回湖广本任。

光绪二十九年（1903年）

六十七岁。正月，奏设三江师范学堂。四月，入京觐见。闰五月，与管学大臣张百熙、荣庆会商学务，厘定学堂章程。七月，拓修畿辅先哲祠。十二月，回南皮。

光绪三十年（1904年）

六十八岁。正月，归里祭墓，在南皮建慈恩学堂。二月，返汉口。六月，筹备粤汉鄂省铁路赎款，建两湖劝业场。八月，改枪炮厂为湖北兵工厂。

光绪三十一年（1905年）

六十九岁。三月，芦汉铁路建成（全线完成后改称京汉铁路）。四月，招商承办造纸厂、制皮革厂、制水泥厂。六月，奉旨督办粤汉铁路。八月，与袁世凯会奏立停科举，推广学校。十月，设川汉铁路总局于武昌。

光绪三十二年（1906年）

七十岁。五月，开办湖北印刷局。

光绪三十三年（1907年）

七十一岁。五月，任协办大学士。六月，授大学士，仍留湖广总督之任。充体仁阁大学士，补授军机大臣。

光绪三十四年（1908年）

七十二岁。十一月，溥仪登基，赏加太子太保衔。设督办粤汉铁路公所。

宣统元年（1909年）

七十三岁。二月，任《德宗景皇帝实录》总裁官。六月，因病请假。八月二十一日，病逝。二十三日追谥“文襄”，晋赠太保。十月，子张权等奉丧归南皮。

宣统二年（1910年）

十二月，葬于南皮县西南原双妙村。

内篇

【106副】

令嚴鐘鼓三更月

詔賜天池八尺龍

張之洞

题 署

明十八先生祠堂联

杀身以成仁，洵称志士；
临难毋苟免，不愧先生。

【注释】

杀身以成仁：《论语·卫灵公》“志士仁人，无求生以害仁，有杀身以成仁”。

临难毋苟免：《礼记·曲礼上》“临财毋苟得，临难毋苟免”。

【解析】

联见张镁纂修之《咸丰兴义府志》卷三十二《祠宇·十八先生祠》：“十八先生祠，在府城内，试院右，书院左。按：祠祀明永明王之殉节臣吴贞毓等十八人。事详《流寓传》。考《明史》，祠旧在马场，后迁于今珠泉书院故址，旋圮。道光二十九年，知府张镁改建于试院之右、书院之左，祠始宏敞肃穆。祠门额曰‘先生祠堂’，旁室二楹翼之。进为敬义堂，再进有亭，清流环之，是为流芳亭，额曰‘步武清流’。左廊石壁，雨后瀑布淙淙下注，经亭侧而入荷池。亭之右，船屋一，宛然大舸，额曰‘不系舟’。登而入其中，又有额曰‘骚人遥驻木兰舟’。小坐，宛在水中央矣。不系舟之前，有亭曰怀清亭，登亭望墙外，即珠泉书院也。前望即十八先生之享堂也。撰亭联云：‘倚槛常怀忠亮节，隔墙遥领颂弦声。’由亭而前，为享堂，屏镌祠记。琉璃窗四拓，极高朗空旷，中有翁学使同书题额云‘节炳安龙’，联云：‘数符唐代登瀛，慷慨丹心，故国残棋无胜算；志慕鲁连蹈海，模糊碧血，空山宰树有余荣。’知府张镁撰联云：‘黔粤翼奔驰，绝绪期存，是何等轶群节戆；衣冠严对越，芳型宛在，到于今佩厥忠贞。’童刺史翚联云：‘生死有何凭，当佛诞良辰，偏罹厄运；荣枯难概论，较登瀛学士，更仰高风。’再进为正祠，中祀十八先生栗主，以同殉难之林君青阳、古君其品附祀。题额云‘愚不可及’。张之濂联云：‘君子所性，仁睟义盎；先生之风，山高水长。’张之清联云：‘可以寄命，可以托孤，不可夺惟临大节；所求乎臣，所求乎友，愿所行克践庸言。’张之渊联云：‘黄土同一抔，十八公就义成仁，马场旧碣标孤冢；丹心耿千古，二百载扬清激浊，雉堞新祠奠两楹。’张之洞联云：‘杀身以成仁，洵称志士；临难毋苟免，不愧先生。’跋云：‘十八先生旧传有祠，家大人再守兴郡，欲访而祭之，祀事久废，基址无存。道光己酉岁，于试院之侧，购地鸠工，重新创建，至庚戌春落成。命洞兄弟各题联语，不揣固陋，敬抒管见。’”同书卷七十《流寓传·吴贞毓》文后附有张之洞《吊十八先生文》。

永历六年（1652年），清兵南征，南明永历帝朱由榔避难贵州，秦王孙可望欲废之自立。东阁大学士吴贞毓奉旨暗令广西晋王李定国护驾，消息泄露。九年（1655年），吴贞毓、张镌、郑允元、林钟、赵赓禹、蒋乾昌、李元开、徐极、周允吉、朱议泉、胡士瑞、朱东旦等十八人先后为孙可望所杀。十一年（1657年），朱由榔由李定国护驾入云南。为追念吴贞毓等人功绩，在其殉难处建祠立碑，铭曰“十八先生成仁处”。详见屈大均《安龙逸史》、张澍《续黔书》等。道光二十九年（1849年），兴义知府张锳重修十八先生墓，命其子张之洞撰《吊十八先生文》刻石列于墓左，咸丰二年（1852年），张锳又于兴义府试院右侧改建十八先生祠，作《十八先生祠堂记》勒碑。

此联半集句，结构简单，用语平直，较之其他联作，略输文采，然于十三岁幼学少年，已属难能。

座右联

兵家尽补能康世；
经义咸明乃著书。

【注释】

康世：指治理天下。南朝齐王俭《高帝哀策文》："康世以德，拨乱资武。"

【解析】

联见俞冰、马春梅《新编张文襄公事略》："公以同治癸亥一甲第三进士及第，授职编修，所知制诰文多典雅有则。当时公为学颇慕阮文达，于经义多沉思穿贯。又好兵家言，尝自署于座曰：'兵家尽补能康世，经义咸明乃著书。'可以知其志事矣。"

同治二年（1863年）四月会试榜发，张之洞中式第一百四十一名贡士，十四日于正大光明殿覆试，列一等第一名。二十一日廷试对策，置二甲第一，试卷进呈，两宫太后拔置一甲第三。二十四日胪唱，赐进士及第。二十八日朝考列一等第二名。五月初八日引见，授职翰林院编修。

张之洞经文纬武之志，于青年时代即已初露端倪。

北京畿辅先哲祠联·其一

轩辕台，伯夷庙，吉甫墓碑，观圣贤风教所遗，请稽经典；

碣石馆，日华宫，首善书院，数幽冀人才之盛，直到皇朝。

【注释】

轩辕台：《山海经·大荒西经》"有轩辕之台，射者不敢西向射，畏轩辕之台"。今北京平谷区东北渔子山上有大冢，世传为轩辕黄帝陵，俗称轩辕台。

伯夷庙：即滦州市夷齐庙，位于滦河西岸，内祀伯夷、叔齐。

吉甫：即西周大臣尹吉甫，《诗经》作者之一。沧州南皮县黄家洼村西南有墓，俗称将军坟，传为尹吉甫墓。

碣石馆：秦皇岛碣石宫，因牵于平仄，改"宫"为"馆"。传说战国时燕昭王为邹衍所建，因地近碣石，故名。

日华宫：在献县南三十五公里，今沧州泊头市富镇严铺村内，系西汉河间王刘德所建，为毛苌、毛亨传授《诗经》之处。

首善书院：在北京宣武门内，明天启二年（1622年）由左都御史邹元标、左副都御史冯从吾等创建，为东林党人讲学之所。

【解析】

联见朱应镐《楹联新话》卷二“祠宇”，其后胡君复《古今联语汇选》、吴恭亨《对联话》、黄涵林《古今楹联名作选粹》等书多有收录。

清光绪初，华北地区因旱灾引发“丁戊奇荒”，军机大臣李鸿藻倡议京城内外募款赈灾。光绪五年（1879年），李鸿藻与兵部尚书沈桂芬商议用余款建一所先贤祠堂。翌年，时任翰林院侍读的张之洞联合丰润张佩纶、定兴鹿传霖、宛平桑春荣等人上疏倡建，并主持其事［据姚彤章《畿辅先哲祠崇祀先哲牌位》书末跋文所称，始建年代为光绪四年（1878年），但据张之洞与张佩纶往来书札以及《张文襄公年谱》所记，应在光绪五年底、六年（1880年）初］。祠堂位于北京宣武门外下斜街（今门牌40号），坐北朝南，三进四合院式建筑，乃利用宪副刘有铭之故宅稍加修葺而成。张之洞等人征考文献、厘定牌位，正殿祭祀河北历代先贤一千四百八十五人；东配殿祭祀河北历代殉难官兵士民；西配殿祭祀河北历代贞节孝妇。后院正厅外有琴室、不朽堂，西厅外有绿胜龛、遥集楼，东院正厅外有北学堂等建筑。另有如意斋，内藏明代赵南星铁如意之拓本；君子馆，内藏河间献王君子馆之汉砖。除此而外，张之洞、张佩纶等更是精心搜求，庋藏大量与畿辅先哲有关之书画遗物。祠内楼阁雄伟，花木森然，堪称花园式祠堂，后为清流党人雅聚之所。光绪二十九年（1903年）四月，张之洞（时任湖广总督）入都觐见，寓居于此。祠堂历经二十余年风雨沧桑，颇见衰败，于是同年七月，再行拓修。民国期间，祠堂一度改为京华美术专科学校。民国二十四年（1935年），燕冀中学迁入祠内，1951年，改称北京市第十四中学，后因学校扩建，旧建筑逐次拆除。1985年，不朽堂迁至北京京东平谷区金海湖畔，畿辅先哲祠遂仅余遗址。张之洞先后为祠堂撰写《祭畿辅先哲文》《铁如意颂》等，并亲书“不朽堂”匾额。另据张佩纶《涧于日记》所记，二张还曾编纂《畿辅先贤录》，以配合建祠，扩大清流党影响，惜未见雕版流传。张之洞殁后，其牌位亦供奉于畿辅先哲祠中，北洋政府总统徐世昌编纂《畿辅先哲传》，即录有张之洞传记。

此联通过罗列京畿一带人文古迹，点题说明祠堂性质。造语雍容雅切，深得祠堂联之正格，吴恭亨赞其“极堂皇轮囷之观”。

北京畿辅先哲祠联·其二

其山恒，其水滹，其浸涞，其薮昭余祁，会大一统车书，渊岳钟灵皇建极；

鄗夫宽，薄夫敦，顽夫廉，懦夫有立志，萃三千年人物，庙堂观礼士希贤。

【注释】

恒：恒山。

滹：滹沱河。

涞：拒马河因发源于河北省涞源县，又称涞水河。

昭余祁：古泽薮名，与恒山皆在山西。因地属京畿，故而一并提及。

大一统：语出《公羊传·隐公元年》。大乃重视、尊重之意。一统，指天下诸侯皆统系于周天子，后世因称封建王朝统治全国为大一统。

车书：即《礼记·中庸》所谓“车同轨，书同文”。清代康乾盛世，曾制“车书一统”墨锭、花钱，以及“一统车书”玉玩套装匣等文玩物件。

渊岳钟灵：即名山大川钟灵毓秀之意。

皇建极：语本《尚书·洪范》“皇建其有极”。极指中庸之道，意为君王建立政事要不偏不倚，使其成为天下最高准则。

鄗夫宽，薄夫敦：《孟子·万章下》“顽夫廉，懦夫有立志，闻柳下惠之风者，薄夫敦，鄙夫宽”。

士希贤：语出周敦颐《通书·志学》“圣希天，贤希圣，士希贤”，即《论语·里仁》“见贤思齐”之意。

【解析】

此联与上一联出处相同。

民国二十五年（1936年），天津姚彤章将先哲牌位名单复印，并附唱赞、仪节、祭文、匾额、楹联等，由河北博物馆印行，名《畿辅先哲祠崇祀先哲牌位》。该书称此联作于光绪二十八年（1902年）十月，大兴恽毓鼎书，当为第二次拓建后所撰。

此联上写祠堂对政权统治之强化功能，下写先贤对士子百姓之感化功用。

北京畿辅先哲祠联·其三

薰膏馨烈光惇史；

巴舞骚音奏国殇。

【注释】

薰膏：薰为香草，膏为香脂。唐吴筠《览古》诗："薰膏自销铄，楚老空余悲。"

馨烈：原指香气浓郁，此处借指流芳久远的事业，与"薰膏"形成句内自对。

惇史：意为德行高尚者之言行记录，语出《礼记·内则》。

巴舞：巴渝舞之简称，为我国古代最有影响力之武舞，因发源于巴郡渝水流域而得名。

骚音：指以屈原《离骚》为代表之楚辞。

国殇：为屈原《九歌》中的一篇，为追悼楚国阵亡士卒之挽诗。

【解析】

此联同出于朱应镐《楹联新话》卷二，谓"题后殿左室，附祀忠义"，知为祭祀殉难官兵士民的东配殿所撰，笔势沉郁，慷慨激昂。

北京畿辅先哲祠联·其四

远比华阳编士女；

岂无刘向传贤明。

【注释】

华阳：东晋常璩《华阳国志》，专记古代西南地区之历史、地理、人物等，中有"先贤士女总赞""士女目录"等篇章。

贤明：西汉刘向《列女传》卷二为"贤明传"。传，此读仄声，音同"撰"。

【解析】

此联亦见于朱应镐《楹联新话》，谓"右室附祀列女"，知为祭祀贞节孝妇的西配殿所撰。

北京畿辅先哲祠联·其五

河朔人才葛禄记；
斜街花事竹垞诗。

【注释】

河朔：色目人葛逻禄乃贤，元代时入仕中国，撰有《河朔访古记》，记录、考订黄河流域及北方各地古代之遗迹、碑刻。

斜街：畿辅先哲祠所在下斜街，南有土地庙，为京城旧时著名花市。朱一新《京师坊巷志稿》云：“下斜街，亦称槐树斜街，俗称土地庙斜街……冯勖六街花事：丰台种花人，都中目为花儿匠，每月初三、十三、二十三日，以车载杂花至槐树斜街市之。”朱彝尊号竹垞，康熙年间曾居于此，并有诗云：“老去逢春心倍惜，为贪花市住斜街。”

【解析】

此联亦见于朱应镐《楹联新话》，谓“旁有绿胜龛，为燕息所”。知为休闲厅室所撰。上联写畿辅人文，下联写京华风物，其中“葛、竹”之对尤觉精妙。

北京畿辅先哲祠联·其六

昼静梵音来，对面是为千佛地；
风香人意好，开门不断四时花。

【注释】

千佛地：据传下斜街29号原有长寿寺，民国期间石评梅、吉鸿昌逝后皆曾停厝于此，原建筑今已无存。

四时花：指斜街城隍庙花市。

【解析】

联见胡君复《古今联语汇选·祠庙》，题为“张文襄集北齐《无量义经》刻石题畿辅先哲祠联”。

北齐《无量义经》刻石位于河北邯郸响堂山，张之洞精通书法，酷爱古籍碑帖，选用经文中字拼集成对，因难见巧，文采风流。

北京畿辅先哲祠联·其七

采风号刚强，裁成何止中行士；
观月见远大，学问须加邃密功。

【注释】

采风：或指《采风记》。光绪二十三年（1897年），宋育仁编写发行《采风记》，向国人介绍外国政术、学校等先进制度，意图牖民强国，并参加维新组织“强学会”，张之洞亦为会员之一。据李伯元《南亭笔记》记载：“张南皮阅经济特科卷，见有用‘臣尝采风泰西’字样者，掀髯笑曰：‘此必宋芸子。’（芸子，宋育仁字）拔居第五。”

中行士：指行为合乎中庸之道的人。《论语·子路》：“不得中行而与之，必也狂狷乎，狂者进取，狷者有所不为也。”

观月：化用禅宗“见月忽指”之典。另，王阳明十二岁时写有《蔽月山房》诗：“山近月远觉月小，便道此山大于月。若人有眼大如天，还见山高月更阔。”

邃密：朱熹《鹅湖寺和陆子寿》诗“旧学商量加邃密，新知培养转深沉”。

【解析】

联见姚彤章《畿辅先哲祠崇祀先哲牌位》，谓为“北学堂内楹联”。

上联号召学生学习西方先进技术，锐意进取，培养有用之才；下联劝导学生开阔眼界，博览深究。此联正是张之洞“中学为体，西学为用”思想之体现。

北京畿辅先哲祠联·其八

立足高翔千仞凤；
拄颐平视八陉山。

【注释】

千仞凤：李白《古风·其四》“凤飞九千仞，五章备彩珍”。

拄颐：化用《世说新语》中拄笏看山典故，“王子猷作桓车骑参军，桓谓王曰：‘卿在府久，比当相料理。’初不答，直高视，以手版拄颊云：‘西山朝来，致有爽气’”。

八陉山：太行山中多东西向横谷，若军都陉、蒲阴陉、飞狐陉、井陉、滏口陉、白陉、太行陉、轵关陉等，古称太行八陉，为三省边界之重要军事关隘所在。

【解析】

此联亦见于《畿辅先哲祠崇祀先哲牌位》，谓为“遥集楼内楹联”。楼名取意于汉扬雄《剧秦美新》：“遥集乎文雅之囿，翱翔乎礼乐之场。”

全联造语雄奇，卓荦超群，作者之胸襟眼界，由此可略见一斑。

山西贡院联·其一

燕寝凝清香，坐镇并州遏戎虏；

开帘见新月，每依北斗望京华。

【注释】

燕寝：指休息睡眠之所。韦应物《郡斋雨中与诸文士燕集》：“兵卫森画戟，燕寝凝清香。”胡钧《清张文襄公之洞年谱》：“大修贡院，并建两廊七十余间，备士子听点止息。”

并州：为古州名，包括山西太原、大同一带。李白《忆旧游寄谯郡元参军》：“君家严君勇貔虎，作尹并州遏戎虏。”为与下联“依”字对仗，改名词“尹”为动词“镇”。这句张之洞以谯郡参军元演自况，谓坐镇山西可遏制西方列强入侵。

开帘见新月：唐李端《拜新月》“开帘见新月，便即下阶拜。细语人不闻，北风吹裙带”。乡试主考官命题、监视往往秉烛达旦，《林则徐日记》中有“与美存前辈及诸帘官监视彻夜”“黎明始得题纸七千张”等语，可堪类比。

每依北斗望京华：杜甫《秋兴八首·其二》“夔府孤城落日斜，每依北斗望京华”。此借杜老名句，抒发对留居北京之长子张权的挂念之情，抑或表明对慈禧太后之耿耿忠心。

【解析】

联见胡钧《清张文襄公之洞年谱》卷二。光绪八年（1882年），张之洞出任山西巡抚，八月乡试，张之洞入闱监临，所撰对联甚多，胡钧仅录二副。

山西贡院位于太原起凤街，为士子考试之所。始建于明正统十年（1445年），后经数次修葺扩建，晚清时规模宏大，建筑壮观。贡院有大门三楹，前立三间四柱石牌坊，内分东、西点名厅，东、西大栅坊，前版楼、明远楼、四座瞭望楼、大公堂、吏承所、弥封所、对读所、誊录所、受卷所、衡鉴堂、藻鉴堂、东监院、五径房、文昌祠、提调监试馆以及东西号舍八千余座。光绪三十一年（1905年），张之洞、袁世凯奏请废除科举，山西贡院于翌年创办公立中学堂，先后改为山西晋阳中学堂、山西省立模范中学堂、山西省立第一中学校等，今为太原五中。

此副为集句联，驱遣古人，不啻己出，可谓得心应手，游刃有余。前人集句全凭博闻强记，非腹笥丰赡者不办。

山西贡院联·其二

问召棠郇黍何人，我愧粗官，士习愿同民俗美；
诵汾藚山枢诸什，古称上国，晋贤岂让楚材多。

【注释】

召棠：周召伯巡行乡邑，曾在甘棠树下决狱治事，后用为颂扬官吏政绩之典。《诗经·召南·甘棠》："蔽芾甘棠，勿翦勿伐，召伯所茇。"

郇黍：典出《诗经·曹风·下泉》"芃芃黍苗，阴雨膏之。四国有王，郇伯劳之"。郇伯为文王之子，有治理诸侯之功。古郇国在今山西临猗县，可见张之洞用典之雅切。

粗官：古代重文轻武，呼武官为粗官，此处是张之洞代某藩司自谦。

汾藚：汾，水名。朱熹注："出太原府晋阳山，西南入河。"藚是一种药草，生于沼泽地。《诗经·魏风·汾沮洳》："彼汾一曲，言采其藚。"

山枢：典出《诗经·唐风·山有枢》"山有枢，隰有榆"。枢即刺褊。

《左传·襄公二十六年》："虽楚有材，晋实用之。"《汾沮洳》《山有枢》二诗，皆源于晋国，故联语结句谓"晋贤岂让楚材多"。

【解析】

此联同见于胡钧《清张文襄公之洞年谱》卷二，谓"又代藩司某云"。古代乡试，监考官员多撰联以激励士子，有不擅于此者辄请人代笔。"汾蕡"一词，《清张文襄公之洞年谱》《张之洞全集》皆误作"汾寘"，今据《诗经》径改。

山西贡院联·其三

秋色从西来，雁门紫塞；

明月几时有，玉宇琼楼。

【注释】

秋色从西来：语出岑参《与高适薛据同登慈恩寺浮图》"秋色从西来，苍然满关中"。"慈恩寺浮图"即西安大雁塔，为古代进士题名之所。此句由科考生发，隐然将山西贡院中的明远楼比为西安大雁塔。

雁门紫塞：出自《千字文》"雁门紫塞，鸡田赤城"。"雁门"古郡名，在今山西北部。"紫塞"泛指北方边塞。上联既写登楼所见，同时又切时切地。

明月几时有：出自苏轼《水调歌头·明月几时有》，进一步切时，并表达作者望月思亲之情。

玉宇琼楼：出自苏轼《念奴娇·中秋》"玉宇琼楼，乘鸾来去，人在清凉国"。

【解析】

联见《古今联语汇选·会馆》，谓"张文襄巡抚山西，监临秋试，题明远楼联"。

明远楼为山西贡院主要建筑之一，位于公堂之前。考试时，巡察官登楼眺望，居高临下，监视考场，提防作弊。

此联亦集句联，吴恭亨《对联话》赞其"坚凝可诵"。

广州督署联·其一

职事勿荒，不烦士行樗蒲诫；
功名接武，同韵扬州芍药花。

【注释】

士行：指东晋陶侃，字士行。《晋书·陶侃传》："樗蒲者，牧猪奴戏耳！"

樗蒲：古代棋类游戏，常用为赌博代称。清代广东赌风最盛，官民士女，习以为常，张之洞此处作婉诫之语，然而其为筹措资金，终亦大开赌禁，为人诟病。

接武：语出《礼记·曲礼上》。原意为小步前进，后形容前后继承相接，如刘勰《文心雕龙·物色》："古来辞人，异代接武。"

芍药花：乃扬州特产，早在宋代，王观《扬州芍药谱》云"扬州人以种植芍药相尚"，至清尤盛，陈淏子《花镜》云"芍药唯广陵天下最"。

【解析】

联见《古今联语汇选·廨宇》。

广州督署初建于广州南城卖麻街，咸丰七年（1857年）英法联军攻打广州城，总督署被焚毁。十年（1860年）迁建于司后街华宁里，即今广州市越秀区越华路。辛亥革命中又遭炮火轰炸，民国后为国民政府所在地，今为广州市民政局。此联是为广州督署广益堂（幕僚治事之处）所撰。光绪十年（1884年），张之洞署理两广总督，时充任幕僚者，有杨锐、辜鸿铭、赵凤昌等。

广州督署联·其二

居敬行简，可使南面；
为政以德，譬如北辰。

【注释】

居敬行简：《论语·雍也》"居敬而行简，以临其民，不亦可乎？"

意为内心严肃，办事简要。

可使南面：《论语·雍也》“雍也可使南面”。“南面”，面向南方。古代以坐北朝南为尊位，帝王见群臣或卿大夫见僚属，皆面南而坐。这里指做地方长官。

为政以德，譬如北辰：《论语·为政》“为政以德，譬如北辰，居其所，而众星共之”。意为施行德政，如北极星恒居其位，所有星辰皆环绕其周。

【解析】

联见《古今联语汇选·廨宇》。

此为署内书斋集句联，通过引经据典，其恪尽职守、忠君爱民之为政理念现于字里行间。

广州督署联·其三

不犯秋毫岳武穆；
能寒夏胆范希文。

【注释】

不犯秋毫：岳飞《奉诏移伪齐檄》“我今奉辞伐罪，拯溺苏枯，惟务安集，秋毫无犯”。

能寒夏胆：朱子《五朝名臣言行录》注引《名臣传》“仲淹领延安，阅兵选将，日夕训练。又请戒诸路，养兵畜锐，毋得轻动。夏人闻之，相戒曰：‘无以延州为意，今小范老子腹中自有数万兵甲，不比大范老子可欺也。’”大范指范雍。孔平仲《孔氏谈苑》有“军中有范西贼破胆”一条。

【解析】

此联又见于窦镇《师竹庐联话》，亦为题督署书斋之作。

张之洞督粤时，中法战争爆发，作者以岳飞、范仲淹自砺，示其主战决心，终取得镇南关大捷，为中国近代史上与欧美列强交战中唯一胜利战役。因之，张之洞卒谥“文襄”。

广州督署联·其四

稼穑艰难君子教；
菜根风味士夫知。

【注释】

稼穑艰难：《尚书·无逸》“先知稼穑之艰难，乃逸”。

菜根风味士夫知：明王鏊《和糲秫饭》“若说菜根风味好，小园多有不须行”。元代许有壬《白菜》：“清风牙颊响，真味士夫知。”

【解析】

联见许同莘《张文襄公年谱》：“抚署后园，辟畦种菜，筑草亭于其中，榜一联云：稼穑艰难君子教，菜根风味士夫知。”

广州南园十先生祠联

文如大历十才子；
园似将军第五桥。

【注释】

大历十才子：指唐代宗大历年间十位诗人，说法各有不同，包括李端、卢纶、吉中孚、韩翃、钱起、司空曙、苗发、崔峒、耿沣、夏侯审等，诗风注重形式技巧，作品以山水诗居多，与南园诗社抗心希古、针砭时弊之风格不尽相同。此处盖以人数为契合点。

将军第五桥：唐代何姓将军在长安修建别墅，其中有“第五桥”。后用以形容风景环境之幽美。杜甫《陪郑广文游何将军山林》：“不识南塘路，今知第五桥。名园依绿水，野竹上青霄。”

【解析】

联见《古今联语汇选·名胜》。

十先生指明代孙蕡、王佐、黄哲、李德、赵介（以上为南园前五子）、欧大任、梁有誉、黎民表、吴旦、李时行（以上为南园后五子）等广东先贤。诸人先后在南园结社吟诗，气节高尚，为粤人所尊重。明代葛征奇编有《南园五先生集》二卷，清代陈文藻等编有《南园后五子诗集》

二十八卷，俱见于《四库全书》。嘉靖间南园改建为大忠祠，即三忠祠，祀文天祥、陆秀夫、张世杰；清初建五先生祠于大忠祠之侧；光绪年间，张之洞巡抚广东，始建十先生祠。祠堂位于广州越秀区文德南路，今为广东省立中山图书馆南馆。

此联吴恭亨《对联话》题为“广雅书院联”，盖光绪十二年（1886年），张之洞曾于此地设广雅书局，为广东第一所刻书局，而广雅书院则为讲学之所，位于广州荔湾区，一字之差，误人不少，后来联书大多承讹踵谬。

广州广雅书院联·其一

虽富贵不易其心，虽贫贱不移其行；
以通经学古为高，以救时行道为贤。

【注释】

虽富贵不易其心，虽贫贱不移其行：《孟子·滕文公下》“富贵不能淫，贫贱不能移，威武不能屈，此之谓大丈夫”。

以通经学古为高，以救时行道为贤：苏轼为欧阳修《居士集》叙文“自欧阳子出，天下争自濯磨，以通经学古为高，以救时行道为贤，以犯颜纳谏为忠”。

【解析】

联见《古今联语汇选·学校》，为广雅书院礼堂联。

光绪十三年（1887年）六月十六日，张之洞上《创建广雅书院折》：“因于广东省城西北五里源头乡地方，择地一区，其地山川秀杰，风土清旷，建造书院一所，名曰广雅书院。”十五年（1889年）八月廿二日，上《请颁广雅书院匾额折》，是知两年始成。书院位于广州荔湾区西村，规模宏大，中轴五进，一进大门，二进山长楼，三进礼堂，四进经正无邪堂，五进冠冕楼（即图书馆）。院内另有清佳堂、经书堂、莲韬馆、一篑亭等建筑。首任学长为梁鼎芬，课程分经学、史学、理学、文学四门，学制三年，后改为九年。讲学以“明习时务，期于体用”为宗旨，培养“知识广博，品行雅正”之人才，已具新学特色，为晚清洋务派所创办诸多书院中最具影响力学院之一，时与湖北自强学堂、两湖书院、上海南洋公学并称为中国四大书院。后曾改名两广大学堂、广东省立第一中学等，今名广雅中学。

上联要求学子端品行，下联要求学子务实学。

《对联话》谓其“典重堂皇，雅与题称”。上结“行”字为“德行”之意，读去声。

广州广雅书院联·其二

尊其所闻，行其所知，合岭南东道、岭南西道人才，互相师友；

博我以文，约我以礼，会汉儒经学、宋儒理学宗旨，同造圣贤。

【注释】

尊其所闻，行其所知：《汉书·董仲舒传》“曾子曰：‘尊其所闻，则高明矣；行其所知，则光大矣。’”

博我以文，约我以礼：《论语·子罕》“夫子循循然善诱人，博我以文，约我以礼”。

【解析】

联见《古今联语汇选·学校》，为书院内经正无邪堂联。

无邪堂乃书院讲堂，第二任山长朱一新曾辑其讲学答问之辞，著成《无邪堂答问》一书。

此联以时局为经，史实为纬，面线结合，分工有序。

越秀山三君祠联·其一

江湖忠悃三遗事；

岭表人文百世师。

【注释】

百世师：张之洞《祭汉虞仲翔唐韩文公宋苏文忠公文》“维三君立德功言，兼三不朽，历汉、唐、宋，为百世师”。

【解析】

联见《古今联语汇选·名胜》、周宗麟《疚存斋联语汇录》、姚永朴《旧闻随笔》等书。

越秀山位于广州市北侧越秀区，又称粤秀山，海拔七十米，属白云山余脉。山上有观音阁、镇海楼等古迹。山麓有菊坡精舍，精舍前原有郑仙祠，祭祀安期生。光绪十三年（1887年）四月，张之洞因其事涉恢奇，无关风教，将郑仙祠改祀虞翻、韩愈、苏轼三先生，并于龙王庙后酌拨隙地，令修祠宇三间，移奉安期生，仍名之曰郑仙祠，以存旧祀。详见张之洞光绪十三年四月三十日《札运司改郑仙祠为三君祠》：“照得广东，岭外大府，人文蔚起，经学昌明，于斯为盛。而推原所自，则惟后汉虞功曹仲翔肇之于先，唐韩文公、宋苏文忠公继之于后……三先生皆以忠直谪官，复皆以文学教化岭表，虽在海隅，不忘忠爱，文章气节，异代同符，论其教泽留遗，正堪鼎足。本部堂、院久拟于省城择地，合而祠之，以崇报祀，而阛阓嚣隘，难得高明爽垲之地。兹查粤秀山菊坡精舍之前有郑仙祠……左则应元书院，右则学海堂，并为书院士子朝夕讲贯之地。而郑仙祠介在其间，居方辨物，亦非所宜。若就其地崇祀儒宗，表章师法，俾三书院士子有所矜式，其于士习民风，均非小补……拟即将郑仙祠堂，改祀虞、韩、苏三先生，询于士林，稽诸众论，佥以为宜。”

虞翻（164—233年），字仲翔，会稽余姚（今属浙江）人，精通医易，仕于东吴。因犯颜谏争，忤于孙权，被谪交州。韩愈（768—824年），字退之，河南河阳（今河南孟州市南）人，官至刑部侍郎。因谏阻唐宪宗迎佛骨一事被贬至潮州。苏轼（1037—1101年），字子瞻，眉州眉山（今属四川）人，历任翰林学士、礼部尚书等职，晚年因新党执政被贬惠州、儋州。

越秀山三君祠联·其二

海气百重楼，岂谓浮云能蔽日；
文章千古事，生逢异代不同时。

【注释】

海气百重楼：李世民《于北平作》“海气百重楼，岩松千丈盖”。

此言天海澄清阁之踞山临海。

岂谓浮云能蔽日：李白《登金陵凤凰台》“总为浮云能蔽日，长安不见使人愁”。此句表面写景，实则以“浮云”喻弹劾案，以“日”喻朝廷。易“总为”为“岂谓”，便觉正气凛然，无颓靡畏缩之态。

文章千古事：杜甫《偶题》“文章千古事，得失寸心知”。张之洞另有《祭汉虞仲翔唐韩文公宋苏文忠公文》。

生逢异代不同时：杜甫《咏怀古迹·其二》“怅望千秋一洒泪，萧条异代不同时”。

【解析】

联见《古今联语汇选·祠庙》，注云：“张文襄督粤时，偶为言者所攻，集句题广州三君祠天海澄清阁……借古人以自况。”文中“为言者所攻”，指张之洞督粤期间因重开闱赌而遭到御史高鸿渐、詹事府右庶子莫吉文等人上书弹劾。

天海澄清阁为三君祠内小筑，清末金应澍（金武祥之父）有《季夏携儿子游粤秀山，跻山响楼，谒三君祠，登天海澄清阁，遂入学海堂之启秀楼小憩赋诗》五律一首。

祠内三君“信而见疑，忠而被谤”，张之洞与其同病相怜，故而孤怀抑郁，见之于联。

《对联话》称其“妙与三君关连，集成句如铸，犹其次也”。林庆铨《楹联续录》“岂谓”作“岂有”，“生逢”作“逍遥”，并云“三君祠于粤秀山麓，即郑仙祠旧址”。陈方镛《楹联新话》“岂谓”作“总为”，“生逢”作“萧条”，谓“借古人以自况，寄托之中，益见怀抱”。

两湖节署大堂联

蚡冒勤民，筚路山林三代化；
陶公讲武，营门官柳四时春。

【注释】

蚡冒：即春秋时楚厉王，他与祖父楚若敖都曾乘柴车、穿破衣开辟山林。《左传·宣公十二年》：“训之以若敖、蚡冒筚路蓝缕，以启山林。”

陶公：指东晋名将陶侃，陶侃曾任荆州牧，《晋书·陶侃传》有“尝课诸营种柳”之语。张之洞督鄂期间曾经筹练湖北新军，设立武备学堂。

【解析】

联见况周颐《眉庐丛话》。

两湖节署即湖广总督府，设在今武昌解放路北端、武昌船舶重工有限公司东侧。咸丰二年（1852年），太平军攻陷武昌，总督府一度成为萧朝贵之西王府。太平军失败后，清总督府署由荆州迁回武昌，湖广总督先在三道街盐道署暂住，并令修复原总督署，历七年始成。晚清时湖广总督府东西平均宽约一百一十米，南北长约二百三十米，门前有东西辕门。光绪十五年（1889年），张之洞调补湖广总督，十八年（1892年），督署东偏房及三堂后正房毁于火，张之洞又予以扩建，并于大门外修建照壁。辛亥武昌起义时，总督府遭到重创，其后屡易其主，曾为黎元洪、段祺瑞之湖北都督府，段芝贵之将军行署，王占元之督军公署，蒋介石之鄂豫皖三省剿匪总司令部，杨永泰之湖北省政府。

武昌督署十桂堂联·其一

鱼鸟亲人濠濮想；

桂山留客楚骚辞。

【注释】

鱼鸟亲人：《世说新语·言语》“简文帝入华林园，顾谓左右曰：会心处不必在远，翳然林水，便自有濠、濮间想也，觉鸟兽禽鱼自来亲人。”

濠濮想：《庄子·秋水》“庄子钓于濮水……庄子与惠子游于濠梁之上”。后以“濠濮间想”指逍遥闲居、清淡无为的思绪。

桂山留客：《楚辞·招隐士》“桂树丛生兮山之幽，偃蹇连蜷兮枝相缭”。此联表达了张之洞悠游胜景、结交雅士的闲适之情。唐朝僧人法宣有《和赵王观妓》诗“桂山留上客，兰室命妖饶”句，虽文字贴近，恐非作者本意。

【解析】

联见郭则沄《十朝诗乘》：“文襄督鄂，士流多归之。署园有十桂，皆老干出云，因以十桂名堂，自题额跋云：‘树皆旧物，不知为郭华野、孙文定、阮文达、林文忠何人所植，名此以著封殖嘉树之意。’且为楹帖云：‘鱼鸟亲人濠濮想；桂山留客楚骚辞。’”文中所称“郭华野、孙文定、阮文达、林文忠”，即郭琇、孙嘉淦、阮元、林则徐，四人皆曾出任湖广总督。此联又见于广东革命历史博物馆（广州近代史博物馆）所藏张之洞手书，落款为“无竞居士”。联中附有小记：“请命入觐，长夏无事，因忆十桂堂为湖北署中第一名胜之区，其余小蓬壶、魁星阁不足以较其短长，而十桂之楹联清新雅饬，尤为吾惬心之作。今幸案头有残笺破纸，不妨喜为一书以志不忘。张之洞撰并书。”另据郭莲青《张香涛趣闻·运机余兴》一文记载：“当文襄督鄂时创设湖北铜元局，由外洋购一机器，机甚大，城门不能运入，众议局宜改设城外，文襄不听，乃以人工笨法，由城墙上吊进，卒运入城中。文襄乐甚，入署后即召女公子辈前来，命各屈膝环跪，作扑球之戏，稚子嬉戏，天真烂漫。文襄掀髯大笑，特自书‘十桂堂’额（武昌督署园内有十桂，文襄取旧堂名），又书‘鱼鸟亲人濠濮想，桂山留客楚骚辞’十四字为联，雅人深致，毕竟不同凡响。”

十桂堂为武昌督署内官员休憩之所。

武昌督署十桂堂联·其二

六曲阑干春昼永；
万家台笠雨声甘。

【注释】

六曲阑干春昼永：出自太仓王曦（字季旭）《蝶恋花》词“六曲阑干春昼永，露浥香凝，开遍芳菲径。艳舞霓裳风不定，分明五色裁云锦。玉立亭亭频顾影，粉晕脂痕，镜里新妆靓。中酒花前花未醒，沉香旧梦应重省”。见孙兆溎《片玉山房词话》。

万家台笠雨声甘：化用翁同龢《雨中看蕉花酬醇邸》诗“此是花中优钵昙，看花还许客停骖。未须河朔连宵饮，且作平原十日谈。三疏似闻天意近，万家同喜雨声甘。会看草木皆生色，绿遍平桥曲径南”。见翁同龢《瓶庐诗稿》卷三。台笠，指蓑衣和笠帽。

【解析】

联见况周颐《眉庐丛话》。

此联是一副集句联，为照顾对仗，下联略有改动。

两湖幕僚厅楼联

束缚蹉跎，莫使杜陵悲晚遇；
集思广益，曾闻葛相致中兴。

【注释】

集思广益：语本诸葛亮《教与军师长史参军掾属》：“夫参署者，集众思，广忠益也”。

葛相：指诸葛亮。贾岛《巴兴作》“葛相行师自渡泸”，薛能《筹笔驿》“葛相终宜马革还”。前人著述，每割截古人名字，如潘岳《关中诗》“纷纷齐万，亦孔之丑”，刖齐万年之足。王勃《滕王阁序》“杨意不逢”，斩杨如意之腰。至于复姓而斫头者，如沈佺期《燕》诗“不如黄雀语，能免冶长灾”，公冶长，通鸟语者。刘长卿《汉阳献李相公》“几人犹忆孙弘阁”，公孙弘，汉相。杜甫《赤霄行》“葛亮贵和书有篇”，诸葛亮，即葛相。舒位《苦热行》“渴若马相如”，司马相如，卓文君后夫。其始作俑者，盖《吕氏春秋》“段干木光乎德”，段干木，李克也。此皆行文之病，不足为法。

【解析】

联见《古今联语汇选·廨宇》。

幕僚厅楼为督署内幕府办公之所。古代封疆大吏多于正规官制之外延聘幕僚，组成幕府，用以顾问政事、代拟公文，乃至经办庶务、迎接宾客。张之洞自光绪十五年（1889年）奉调湖广总督，至三十三年（1907年）晋京入参军机。光绪十九年（1893年）督鄂期间，先后有许同莘、张曾畴、程颂万、李文石、梅际郁、汪凤瀛、汪康年、郑孝胥、罗振玉、陈衍、钱恂等幕僚数百人。张之洞幕僚部分来自失意文人、贬谪官员，如梁鼎芬、朱一新、吴兆泰等。

上联对幕僚表示理解与同情，下联鼓励众人精诚团结，为国家效力。

江督仪栈联

积雪中春，飞霜暑路；
洗兵海岛，刷马江洲。

【注释】

积雪中春，飞霜暑路：以霜雪喻盐，描绘煮海成盐的场景，语出南朝齐张融《海赋》。

洗兵海岛，刷马江洲：原指曹操讨灭群雄、威震寰宇的气势，此处借指江督仪栈的军事力量，语出西晋左思《魏都赋》。

【解析】

联见雷瑨《楹联新话》："光绪壬寅，张香涛署江督，奏派蒯礼卿为仪栈总办，谕以实力缉私，张又亲赴十二圩，相度形势，拟自集一联，悬之仪栈，先得上句为：'积雪中春，飞霜暑路。'盖用张融《海赋》语，命礼卿及黄仲弢对之。礼卿转请某君代庖，某君对以郭璞《江赋》'总括汉泗，兼包淮湘'。礼卿称善，言于张，张自以'洗兵海岛，刷马江洲'易之。其实不及某君之联之切当也。"文中"蒯礼卿"即蒯光典，"黄仲弢"为张之洞侄女婿黄绍箕。"总括汉泗，兼包淮湘"，赞美长江之包容并蓄、气势磅礴，语出东晋郭璞《江赋》。雷瑨以为某君此句较张氏之作"切当"实为一孔之见，无论平仄、对仗，张之洞对句皆优于此句。

太平天国战争之后，清政府为恢复元气，将两淮盐运监掣地选择在江苏仪征十二圩，设置"十二圩两淮盐务总栈"。光绪二十八年（1902年），张之洞再次代理两江总督，上疏力荐其弟子兼幕僚蒯光典为淮盐总栈总办，并为其增派兵力，配备轮船，用以实力缉私。

八旗奉直馆联

主恩前后三持节；
臣本烟波一钓徒。

【注释】

主恩前后三持节：杜甫《诸将五首》“主恩前后三持节，军令分明数举杯”。持节，指古代使臣奉命出行，必执符节以为凭证。宣统元年（1909年）《并州官报》所载《张文襄公轶闻》评论此联：“盖公早年为湖北学政，后由署江督复回鄂任，所以谓之三持节也。”

烟波一钓徒：典出《新唐书·张志和传》“以亲既丧，不复仕，居江湖，自称烟波钓徒”。查慎行因“笠檐蓑袂平生梦，臣本烟波一钓徒”之句（诗题《连日恩赐鲜鱼恭纪》），被康熙赐号“烟波钓徒”，晚年居于初白庵，故又称查初白。

【解析】

联见李伯元《南亭联话》：“南皮偶作小诗及联语等，亦复镕经铸史，元气浑然。如八旗奉直馆联云：‘主恩前后三持节，臣本烟波一钓徒。’上句杜工部，下句查初白。其妙处在不著议论，自得言外之旨。”而贺葆真《收愚斋日记》中转述张之洞幕僚密友纪钜维之语，谓“文襄于八旗奉直会馆筑一小楼，并自制楹联：‘主恩前后三持节，臣本烟波一钓徒。’”八旗奉直会馆在福建、浙江、湖北等各地多有，此处所指不详。会员以八旗官员与汉族官员、商人为主，会馆为其提供办公休闲场所。此联集句而成，故曰“不著议论”，其“言外之旨”，盖云身荷主恩，宦游万里，而王事鞅掌，颇欲归隐林泉。

《古今联语汇选·学校》题为“两湖书院联”，后多从之，揆诸联意，恐非是。

湖北试院联

剔弊何足云难，为国家培养人才，方名称职；
衡文只是一节，愿诸生步趋贤圣，不仅登科。

【解析】

联见许同莘《张文襄公年谱》。

湖北试院位于武昌，东沿得胜桥至戈甲营口，西从菊湾东街至黉巷，南抵青龙巷，北依凤凰山，始建于明洪武初，乃湖北、湖南二省乡试唯一场所，现为湖北省武昌实验中学。

同治六年（1867年）十一月，张之洞出任湖北学政，上疏云："学政一官，不仅在衡校一日之短长，而在培养平日之根柢。不仅以提倡文学为事，而当以砥砺名节为先。"可为此联注脚。

经心书院联

宋学积分三舍法；

楚材淹贯九丘书。

【注释】

三舍法：指宋代元丰以后，太学分为三舍，初入外舍，绩优升内舍，再升上舍。

九丘：典出《左传·昭公十二年》"是能读《三坟》《五典》《八索》《九丘》"。夏禹时代之书称为"丘"，九州之志，谓之《九丘》。

【解析】

联见张继煦《张文襄公治鄂记》附录《轶事》，为经心书院二门联，后多误作两湖书院联。

经心书院位于湖北武昌，同治八年（1869年），张之洞时任湖北学政，因原有江汉书院规模狭小，不足以容纳多士，乃议于湖广总督兼湖北巡抚李鸿章，于武昌三道街学署（今武汉警官职业学院处）别建经心书院，于各县诸生中拔其优异者读书其间。院址迁至火星堂文昌宫（今湖北武昌实验小学后），后改名文昌书院。光绪十七年（1891年），前湖北学政赵尚辅等将书院迁回旧址，更名经心精舍。二十八年（1902年），清廷下令书院改制，经心精舍与江汉书院合并改为勤成学堂。

上联勉励学子积学渐进，逐步登堂升舍，下联希望学子博览旁通，成为学识淹贯之材。

两湖书院联

志在春秋，行在孝经，此为臣鹄子鹄；

虽有文事，必有武备，法我先圣先师。

【注释】

志在春秋，行在孝经：汉何休《春秋公羊经传解诂序》“昔者孔子有云：‘吾志在《春秋》，行在《孝经》。’此二学者，圣人之极致，治世之要务也”。

鹄：本意为箭靶的中心，引申为目标。《礼记·射义》：“为人父者，以为父鹄；为人子者，以为子鹄；为人君者，以为君鹄；为人臣者，以为臣鹄。”

虽有文事，必有武备：《孔子家语·相鲁》“有文事者必有武备，有武事者必有文备”。张之洞另创办有武汉武备学堂。

先圣先师：指孔子。《礼记·文王世子》：“凡始立学者，必释奠于先圣先师。”

【解析】

联见《对联话》，谓“出幅言言如铸精铁，惜对幅斤两少欠缺”。《古今联语汇选·学校》下联首句作“虽有文字，亦有武备”。张继煦《张文襄公治鄂记》称其为“两湖书院正学堂联”。

两湖书院，光绪十六年（1890年）四月由湖广总督张之洞建于湖北武昌都司湖畔，后为北斋，前为南斋，正学堂为朔望习礼之地，其后为楚贤祠，再后为水榭。南北书库，前后两湖，规制恢宏。学院设置经学、史学、地理、数学、博物、化学及兵操等科，生徒定额二百四十人，以调取湖南、湖北高才生为主，先后任教者有易顺鼎、杨锐、陈三立等，皆为硕学名家。二十八年（1902年）改为两湖大学堂。三十二年（1906年），改为两湖总师范学堂。现在原址上分别扩建成湖北艺术职业学院、武昌实验小学等。

武汉武备学堂联

执干戈以卫社稷；

说礼乐而敦诗书。

【注释】

执干戈以卫社稷：《礼记·檀弓下》“能执干戈以卫社稷，虽欲勿殇也，不亦可乎”。

说礼乐而敦诗书：语本《左传·僖公二十七年》。诸葛亮《将诫》：“行兵之要，务揽英雄之心，严赏罚之科，总文武之道，操刚柔之术，说礼乐而敦诗书，先仁义而后智勇。”“说”通“悦”。

【解析】

联见《古今联语汇选·学校》。

光绪二十二年（1896年）七月，张之洞创建武汉武备学堂，任蔡锡勇为总办。次年正月二十八日，上《设立武备学堂折》。学额一百二十人，专收文武生员、贡监、文武候补员弁官、绅世家子弟。教师聘自德国军官。课科分学科与术科两种：学科谓之讲堂功课，有军械学、算学、测绘、地图学、各国战史、营垒、桥道制造之法及营阵攻守转运之要；术科谓之操场功课，有枪队、炮队、马队、营垒、工程队、行军炮台、行军铁路、行军电线、行军旱雷、试演测量、演习体操等。学生除学习主科外，如逢暇日，则令诵读《四书》，披览史籍兵略，以“固中学之根底，端毕生之趋向”。

此联集句工巧，雅与题称。

湖北枪炮厂联

青霜武库；

紫洞云台。

【注释】

青霜武库：王勃《滕王阁序》“腾蛟起凤，孟学士之词宗；紫电青霜，王将军之武库”。

紫洞：神仙洞府。王勃《游庙山赋》：“见丹房之晚晦，知紫洞之宵寒。”或作“紫电”，恐非是。

云台：为汉宫中高台名，汉明帝时因追念前世功臣，图画邓禹等二十八将于南宫云台。

【解析】

联见《古今联语汇选·廨宇》。

光绪十五年（1889年）三月，两广总督张之洞于广州筹建枪炮厂，七月改任湖广总督。十六年（1890年）正月，奏请将枪炮厂移设湖北汉阳大别山（今龟山）北麓，定名湖北枪炮厂，主要设备购自德国力佛厂和格鲁森厂，生产枪、炮、枪弹、炮弹，及与其配套的炮架、铜壳、底火等产品，为晚清规模最大、设备最先进之军工企业。三十年（1904年），枪炮厂改名为湖北兵工厂。

上联以宝剑喻武器，下联以云台二十八将喻晚清将领。

湖北农务学堂联

凡民俊秀皆入学；

天下大利必归农。

【注释】

凡民俊秀皆入学：朱熹《大学章句序》“及其十有五年，则自天子之元子、众子，以至公、卿、大夫、元士之适子，与凡民之俊秀，皆入大学”。

天下大利必归农：《商君书·外内》“故为国者，边利尽归于兵，市利尽归于农。边利归于兵者强，市利归于农者富”。

【解析】

此联为张之洞在湖北农务学堂开学典礼上亲笔题写，现存华中农业大学校史馆。

光绪二十四年（1898年）三月，张之洞上疏《设立农务工艺学堂暨劝工劝商公所折》，奏请兴办湖北农务学堂。同年十月，学堂成立于武汉保安门，设农、桑两科，学制四年，并邀请罗振玉为学堂监督。二十九年（1903年），张之洞扩大农务学堂的办学规模，迁建于武昌宝积庵，改制为湖北高等农务学堂，其后校名屡易，现为华中农业大学。

湖北银元局联

楚国以为宝；

天用莫如龙。

【注释】

楚国以为宝：《国语·楚语》中有楚国大夫王孙圉与晋国大夫赵简子论宝之事。《礼记·大学》：“《楚书》曰楚国无以为宝，惟善以为宝。”

天用莫如龙：《史记·平准书》“又造银锡为白金，以为天用莫如龙，地用莫如马，人用莫如龟”。银元局所铸光绪元宝背面有龙纹图案。

【解析】

联见李伯元《南亭联话》，谓“上句出《楚书》，尽人皆知，用诸鄂省，可谓恰如题分。下句出《史记》，妙能关合龙洋”。《张文襄公治鄂记》所记上下联位置颠倒，其后联书多有沿袭，其语意亦通，无关宏旨，正不必株守联律，订其必误。

光绪十九年（1893年）八月十九日，张之洞上《请铸银元折》，经户部奏准，在武昌洗马池街原宝武局旧址西侧（今武昌区彭刘杨路首义园）建造湖北银元局，候补道台蔡锡勇任总办。明、后两年，张之洞又上《进呈湖北新铸银元并筹行用办法折》《湖北银元局请仍归南洋经理折》，称铸成银元大小五种，在江、皖、鄂等省试行销用，并吁请江南不另设局，以免相妨。二十三年（1897年）正月，张之洞在银元局东侧筹建湖北铸铜钱局，因经营不善，于二十五年（1899年）更名湖北银元新厂，划归银元局管理。二十八年（1902年）八月，银元局新厂改称湖北铜币局，专门铸造铜元，委任候补知府高松如为提调。宣统二年（1910年），银元局与铜元局合并改组为武昌造币局。

此联集句，妙在契合题目，平仄不谐顾其次也。

江汉铜元局联

岷山导江，嶓冢导汉；

阴阳为炭，天地为炉。

【注释】

岷山导江，嶓冢导汉：《尚书·禹贡》“嶓冢导漾，东流为汉……岷山导江，东别为沱”。嶓冢山为漾水河发源地，漾水东流成为汉水，岷山乃长江、黄河分水岭，而汉水、长江交汇于汉口南部。

阴阳为炭，天地为炉：贾谊《鹏鸟赋》“天地为炉兮，造化为工；阴阳为炭兮，万物为铜”。

【解析】

联见《古今联语汇选·廨宇》。

光绪三十一年（1905年），张之洞除湖北银元局及其附属铜币局外，又于武昌西门外梅子山下汉阳兵工厂附设铜币局，称江汉铜元局，经营一年后停产。

上联嵌“江”“汉”二字，点明地址，下联切合铜币铸造。

湖北织布局联

经纶天下；
衣被苍生。

【注释】

经纶天下：《礼记·中庸》“唯天下至诚，为能经纶天下之大经，立天下之大本”。

衣被苍生：元康《肇论疏》“言垂示文章，作世间之轨则也。有本云，衣被苍生，亦可然也”。

【解析】

联见况周颐《眉庐丛话》。《古今联语汇选》称：“张文襄任两湖总督时，创设各局，其门联均张自撰，候补县王子言所书。王乃张门生，摹张书酷肖。”

张之洞督粤时，曾于广东筹建织布局，光绪十五年（1889年）七月调补湖广总督。八月初六日，张之洞上《拟设织布局折》，十二月把从英国所订购之织布机移至武昌。十六年（1890年）十二月湖北织布局动工，十八年（1892年）建成开工。湖北织布局位于武昌文昌门外，与其后陆续兴建之缫丝局、纺纱局、制麻局，合称湖北纺织四局。

此联借题言志，寄托遥深。

湖北制麻局联

布衣兴国；
蓝荜开山。

【解析】

联见《古今联语汇选·廨宇》。

湖北盛产苎麻，因无制麻工厂，大多贱卖与洋商，织成匹头，复高价买回。张之洞为挽回利权，于光绪二十年（1894年）奏请在武昌平湖门外设立湖北制麻局，二十四年（1898年）年筹办，三十二年（1906年）建成投产，为我国机制麻业之先驱。民国二十年（1931年）武汉大水，制麻局被淹，全部停产。

此联开宗明义，作劝勉敦促语。张之洞通过兴办民族实业而振兴国家之宏愿，于此略见一斑。

武汉黄鹤楼·其一

江汉美中兴，愿诸君努力匡时，莫但赏楼头风月；
輶轩访文献，记早岁放怀游览，曾饱看春暮烟花。

【注释】

江汉：指长江与汉水之间及其附近地区。古荆楚之地，在今湖北省境内。

輶轩：古代使臣乘坐之车。汉扬雄《答刘歆书》："尝闻先代輶轩之使，奏籍之书皆藏于周秦之室。"张之洞任湖北学政期间，曾撰《輶轩语》《书目答问》以教士。

【解析】

联见林庆铨《楹联述录》，称为张香涛学使所撰，并赞其"以大处落墨胜者"。雷瑨《楹联新话》亦称为张孝达制军任湖北学使时所撰。

黄鹤楼，原址在湖北武汉蛇山黄鹄矶码头。三国吴黄武二年（223年）创建，后屡毁屡修。同治七年（1868年）再次重建，光绪十年（1884年）再遭焚毁。至二十世纪八十年代初，复建于蛇山之巅。同治六年（1867年）十一月，张之洞出任湖北学政，时年三十一岁。道光二十九年（1849年），张之洞十三岁，由贵州回原籍南皮应童子试，曾游黄鹤楼，故云“记早岁放怀游览”。

武汉黄鹤楼·其二

昔贤整顿乾坤，缔造都从江汉起；

今日交通文轨，登临不觉亚欧遥。

【注释】

整顿乾坤：林则徐、李鸿章、李瀚章等人皆曾出任湖广总督，或平定战乱，或发展经济，并卓有政绩。李瀚章亡故，孙师郑挽联有“澄清江汉，整顿乾坤”之语。

文轨：指文字和车轨。张之洞督鄂伊始，即着手筹备修造芦汉铁路，因中俄关系紧张，专款被移用修造关东铁路，至光绪二十二年（1896年）始正式动工，三十一年（1905年）全线完成，改称京汉铁路。

【解析】

联见《古今联语汇选·名胜》，而陈方镛《楹联新话》称其为武昌府庾楼联：“武昌府庾楼，形势尚雄伟。昔有某大僚曾题联：‘昔贤整顿乾坤，缔造都从江汉起；今日交通文轨，登临不觉亚欧遥。’出句口吻有雄视宇内之慨，似是张文襄手笔。”梁羽生《古今名联谈趣》谓“江汉美中兴”联乃张之洞任湖北学政时所撰，而“整顿乾坤”联则为光绪十五年（1889年）任湖广总督时再题。品诸联意，此说极是。

龟山晴川阁联

大陆龙蛇循轨道；

青春鹦鹉起楼台。

【注释】

轨道：明代王慎中《寄大中丞思质王公十首·其九》“坐令洪流行轨道，东南万里引帆樯”。

青春鹦鹉起楼台：司空图《二十四诗品·精神》“青春鹦鹉，杨柳楼台”。鹦鹉洲原在武昌城外江中，东汉末年，祢衡在此作《鹦鹉赋》，因此得名。此洲在明末逐渐沉没，清乾隆年间，新淤鹦鹉洲，已和汉阳连成一片。

【解析】

联见《古今联语汇选·名胜》，并称“上联暗指铁轨告成”。《对联话》“大陆”作“洪水”，《疚存斋联语汇录》亦作“大陆”，而《张文襄公治鄂记》又作“大地”，均不如《对联话》“洪水”借“洪”对“青”为妙。

晴川阁位于湖北龟山东麓禹功矶上，始建于嘉靖二十六年（1547年），为汉阳太守范之箴在修葺禹稷行宫时所增建，得名于崔颢“晴川历历汉阳树，芳草萋萋鹦鹉洲”诗句。晴川阁北临汉水，东濒长江，与武昌蛇山黄鹤楼隔江相望，有“楚天第一名楼”之称。咸丰二年（1852年），晴川阁毁于火灾，同治三年（1864年）由汉阳郡守钟谦钧重建，光绪年间又多次修葺。张之洞时任湖广总督，应汉阳知府余克衢之请，撰此楹联。

汉阳鲁肃墓联

联蜀拒曹，乃公一生学问；

舍奸去诈，则吾十年用心。

【注释】

联蜀拒曹：《三国志·吴书·鲁肃传》“曹公征荆州，孙权大惧。鲁肃实欲劝权拒曹公……因曰：‘今事已急，即有他图，何不遣兵助刘备，而欲斩我乎？’权然之，乃遣周瑜助备”。

【解析】

联见吴恭亨《对联话》：“岳阳有鲁肃墓，汉阳亦有鲁肃墓，孰为真赝，疑莫能明也。汉阳墓亦多题联，惟南皮作较工，犹嫌于墓地少关连。”吴恭亨认为此联上写鲁肃之政见经纶，下写作者之景仰自律，虽语句较工，而稍嫌不切。然综观历代名人府邸、祠庙、陵墓等题署之作，或全写景，或全写人，不切者多矣。愚意楹联所在，即已稳切其地其人，联语面面俱到固佳，言其一端亦无不可。

鲁肃（172—217年），字子敬，安徽定远人，三国东吴著名谋士。汉阳鲁肃墓位于龟山南麓，清代屡有重修，1955年，因建长江大桥移至山腰鼎园，经此次迁移，知为衣冠冢。

君山屈原湘妃祠

九派汇君山，刚才向汉沔荡胸、沧浪濯足，直江滚滚，奔腾到星沉龛赭、潮射钱塘，乱入海口间，把眼界洗宽，无边空阔。只见那庙唤鹧鸪、落花满地，洲邻鹦鹉、芳草连天；只见那峰回鸿雁、智鸟惊寒，湖泛鸳鸯、文禽戢翼。恰点染得翠霭苍烟、绛霞绿树。敞开着万顷水光，有几多奇奇幻幻、淡淡浓浓，铺成画景。焉知他是雾锁吴樯，焉知他是雪消蜀舵，焉知他是益州雀舫、是彭蠡渔艭？一个个头顶竹蓑笠，浮巨艇南来。叹当日靳尚何奸、张仪何诈、怀王何暗、郑袖何谗、宋玉何悲、贾生何太息！至今破八百里浊浪洪涛，同读招魂呼屈子。

三终聆帝乐，纵亲觅伶伦截管、荣猿敲钟，音响沨沨，随引出潭作龙吟、孔闻鼍吼，静坐波心里，将耳根灌澈，别样清虚。试听这仙源渔棹、歌散桃林，楚客洞箫、悲含芦叶；试听这岳阳铁笛、曲折柳枝，俞伯瑶琴、丝弹桐柏。又增添些帆风橹雨、荻露葭霜。凑合了千秋韵事，偏如此淋淋漓漓、洋洋洒洒，惹动诗情。也任你说拳捶黄鹤，也任你说盘贮青螺，也任你说艳摘澧兰、说香分沅芷。数声声手拨铜琵琶，唱大江东去。忆此祠神尧阿父、癸比阿母、傲朱阿兄、监明阿弟、宵烛阿女、敤首阿小姑。亘古望卅六湾白云皓月，还思鼓瑟吊湘灵。

【注释】

九派：长江于湖北、江西一带分作众多支流，故有“九派”之称。

郭璞《江赋》：“源二分于崌崃，流九派乎浔阳。”

汉沔：汉指汉水，沔指沔水，皆为汉水上游。

沧浪：汉水下游。《尚书·禹贡》：“嶓冢导漾，东流为汉，又东为沧浪之水。”《孟子·离娄上》：“沧浪之水清兮，可以濯我缨；沧浪之水浊兮，可以濯我足。”“沧浪”或作“沧澜”，盖欲避尾句“浊浪洪涛”之重字，然此处“浪”读平声，字虽同而音意各异，故不从。

龛赭：龛、赭二山在浙江杭州市萧山区东，龛山形如龛，故名。赭山土石殷红，故名。古时两山夹江对峙，现均处钱塘江南岸。《西溪丛语》：“夹岸有山，南曰龛，北曰赭。二山相对，谓之海门。”

潮射钱塘：孙光宪《北梦琐言》“杭州连岁潮头直打罗刹石，吴越钱尚父俾张弓弩，候潮至，逆而射之，由是渐退”。

庙唤鹧鸪：指黄陵庙，亦祀娥皇、女英，位于湘阴县北洞庭湖畔。郑谷《鹧鸪》：“雨昏青草湖边过，花落黄陵庙里啼。”

洲邻鹦鹉：参见前晴川阁联注。崔颢《登黄鹤楼》：“晴川历历汉阳树，芳草萋萋鹦鹉洲。”

峰回鸿雁：回雁峰在湖南衡阳市南，为衡山七十二峰之一，相传雁至衡阳而止，遇春而回，故名。

智鸟：大雁别名智禽。葛洪《抱朴子·诘鲍》：“蜂虿挟毒以卫身，智禽衔芦以扞网。”此处因平仄不谐改称智鸟。

湖泛鸳鸯：指南湖，在浙江嘉兴西南。

文禽：羽毛有文彩的鸟，鸳鸯、锦鸡、孔雀等皆可称为文禽。

戢翼：禽类敛翅止飞。嵇康《四言诗》：“婉彼鸳鸯，戢翼而游。”

吴樯、蜀舵：二词互文，均指长江上往来之吴蜀舟楫。

益州雀舫：益州是汉武帝设置的十三州之一，治所在今四川成都。雀舫指古代形似鸟状的游船。

彭蠡：鄱阳湖，在江西省北部。《滕王阁序》：“渔舟唱晚，响穷彭蠡之滨；雁阵惊寒，声断衡阳之浦。”

艭：小舟。

靳尚：楚怀王之臣。

张仪：魏国人，曾游说楚怀王，使用诡诈之计令楚国与齐断交，并对秦宣战，结果兵败，割地求和。其后，张仪被楚怀王囚禁，又通过靳尚收买郑袖，劝说楚怀王将其赦免，详见《战国策》《史记》等。

怀王：楚怀王熊槐。

郑袖：楚怀王之妃。

宋玉：楚国辞赋家，哀屈原而作《招魂》。《招魂》作者一说为屈原。

贾生：即贾谊，西汉文学家，著有《吊屈原赋》。

八百里：洞庭湖水域广阔，号称八百里洞庭。

三终：奏毕三章之乐，谓之三终。

帝乐：即钧天广乐。《列子·周穆王》："王实以为清都紫微，钧天广乐，帝之所居。"王嘉《拾遗记》："洞庭山，浮于水上，其下有金堂数百间，玉女居之。四时闻金石丝竹之声，彻于山顶。"

伶伦：传为黄帝时乐官，乐律创始者。

荣猿：又称荣将，传为黄帝之臣。《吕氏春秋·古乐》："黄帝又命伶伦与荣将铸十二钟以和五音。""荣猿"一作"荣援"。

沨沨：形容乐声宛转悠扬。

龙吟、鼍吼：皆指风激浪鼓，如同各种怪兽吼叫。虞集《题旦景初佥司画》："春雨时来鹤鸣谷，秋声夜作龙吟潭。"杜甫《暂如临邑至䃭山湖亭奉怀李员外率尔成兴》："鼍吼风奔浪，鱼跳日映山。"

仙源渔棹、歌散桃林：二句化用陶潜《桃花源记》故事。

楚客洞箫：楚国伍子胥曾吴市吹箫，详见《史记》。

悲含芦叶：宋代李曾伯《沁园春·月夜自和》"镜老菱花，笳悲芦叶"。

岳阳铁笛：马致远杂剧《吕洞宾三醉岳阳楼》中有吕洞宾吹铁笛飞渡洞庭湖情节。萨都剌《升龙观夜烧香印上有吕洞宾老树精》："铁笛一声吹雪散，碧云飞过岳阳楼。"

折柳枝：古《横吹曲》有名《折扬柳》者，乐府、词牌亦有此名。

俞伯瑶琴：伯牙为春秋战国时期著名琴师，楚国郢都（今湖北荆州）人。伯牙原本就姓伯，说其姓俞乃后人杜撰。

丝弹桐柏：古琴多以桐木、柏木斫成。萧衍有《上云乐桐柏曲》。"桐柏"或作"桐谱"，宋陈翥撰《桐谱》，论述桐之种类、土宜、种植、采伐、用途等。因与曲谱无关，且与"柳枝"自对过宽，故不从。

拳捶黄鹤：李白《江夏赠韦南陵冰》"我且为君槌碎黄鹤楼，君亦为吾倒却鹦鹉洲”。

盘贮青螺：刘禹锡《望洞庭》“遥望洞庭山水翠，白银盘里一青螺”。

艳摘澧兰，香分沅芷：《楚辞·九歌·湘夫人》“沅有芷兮澧有兰”。裴说《游洞庭湖》：“楚云团翠八百里，澧兰吹香堕春水。”乐雷发《题豫章宋德父游湘诗卷》：“名似浦云山雨起，诗连沅芷澧兰香。”

唱大江东去：俞文豹《吹剑续录》“东坡在玉堂，有幕士善讴，因问：‘我词比柳词何如？’对曰：‘……学士词须关西大汉，执铁板，唱大江东去。’公为之绝倒”。

神尧阿父：传说湘妃之父为尧。《列女传》：“有虞二妃，帝尧二女也，长娥皇，次女英。”

癸比阿母：舜之妻癸比，又作“登比”。《山海经·海内北经》：“舜妻登比氏，生宵明、烛光。”

傲朱阿兄：尧之子丹朱，性情傲狠，喜漫游。《世本·帝系篇》：“尧娶散宜氏之子，谓之女皇，女皇生丹朱。”《尚书·益稷》：“无若丹朱傲，惟慢游是好。”

监明阿弟：尧之子监明。《尚书·中候》：“尧之长子监明早逝，不得立。”此联称之为丹朱之弟，恐系误记。

宵烛阿女：宵烛即舜与癸比氏所生二女。

敤首阿小姑：舜帝之妹名敤首。《路史·后纪十一》：“世传瞽叟与象每欲杀舜，其妹敤首每为之解。”

卅六湾：形容河道曲折。许浑《三十六湾》：“夜深吹笛移船去，三十六湾秋月明。”

皓月：一作“皦日”，因与上联“叹当日”不规则重字，且无出处，故不从。

鼓瑟吊湘灵：《楚辞·远游》“使湘灵鼓瑟兮，令海若舞冯夷”。范成大《浮湘行》：“吹箫擗瑟吊湘灵，水妃风御缤来迎。”

【解析】

联见北岳山房主人《对联杂录》、王新铭《啸园楹联录》、彭作桢《古今联语汇选再补》、彭作桢《茛筐集》、伍稼青《等持阁联话续集》等书。因此联从未书刻悬挂，仅凭抄录流传，故群书文字多有差异，字数亦不尽相同，本文参阅各本，择善而从，校勘见后。

君山乃洞庭湖中小岛，古称洞庭山，取意神仙“洞府之庭”。传说舜帝二妃娥皇、女英葬于此，因屈原《九歌》中称其为湘君、湘夫人，后人改为君山。湘妃祠位于君山东侧，始建于秦代之前，为湖南最早祠建筑之一。原祀湘妃，后人加祀屈原，遂合称屈原湘妃祠。光绪十六年（1890年），张之洞任湖广总督，至湖南巡阅水师，游洞庭湖，作此长联。

此联共408字，偶有不规则重字，无伤大雅。上联围绕屈原目视心维。起句至“浮巨艇南来”为前半部分，写景由近及远，视野宏阔。后半部分则怀古抒情，隐约反映出作者对晚清时局之忧虑与惋叹。张之洞任两广总督时亲历中法战争，取得镇南关大捷，光绪十一年（1885年），李鸿章竟代表清政府与法国签订《中法新约》，丧权辱国，导致张李二人私怨愈深。下联围绕湘妃耳聆感忆。起句至“唱大江东去”为前半部分，描摹天籁乐音，俱惹情思。张之洞与琴有不解之缘，其母朱氏早亡，遗一琴以作聘妇之礼，后来张之洞发妻石氏、续弦王氏以及侍妾、女儿皆擅琴。后半部分则追溯仙踪，或隐含悼亡之情。此联上联结句引出诵读之音，文断意连如词之过片，下联结句回应伫望之景，首尾相衔如常山之蛇。通篇极视听之娱、放思绪之骋，情景交融，寄托遥深。加以用典繁富，句式铺排，堪称长联之典范。

本书所加校勘极少，一则新中国成立前联书文字偶有异同，无关宏旨者辄略而不录，二则当代著述繁多，摘异指谬尤恐挂一漏万，故而全部从略。此联为张之洞第一长联，历来文字略有差异，特加校勘，以供参考。伍稼青《等持阁联话续集》（台湾商务印书馆1986年初版）后来居上，文字最全，上下联中“郑袖何谗”“癸比阿母”八字为其他版本所缺，故本文以此为底本，另据北岳山房主人《对联杂录》（1915年抄本）、王新铭《啸园楹联录》（1928年自印本）、彭作桢《古今联语汇选再补》《荩箧集》等书酌情增改。《张之洞全集》异文较多，亦附识于后。

“沧浪”，北岳山房主人《对联杂录》民国抄本（以下简称“抄本”）作“沧澜”。

“直江”，抄本作“直浪”。

“邻”，抄本作“凌”。

“渔”，抄本作“鱼”。

“亲”，抄本作“难”。

"猿"，抄本作"援"。

"出"，抄本作"去"。

"灌"，抄本作"贯"。

"试听这仙源渔棹、歌散桃林，楚客洞箫、悲含芦叶"，此十九字原脱，据抄本补入。

"瑶"，抄本作"琼"。

"柏"，抄本作"谱"。

"又增添"，抄本作"将又添"。

"数声"，抄本作"几声"。

"拔"，抄本作"拨"。

"宵"，抄本作"霄"。

"皓月"，抄本作"皦日"。

"还"，抄本作"丕"。

《张之洞全集》题为"湖南屈原潇湘祠"，"洲临鹦鹉"作"洲凌鹦鹉"，"渔棹"作"渔濯"，"拳捶"作"拳椎"，"数声声"作"几声声"，"宵烛"作"宵炒"，"毁首"作"毁首"。

苏文忠公祠联

五年间谪宦栖迟，试较量惠州麦饭，儋耳蛮花，那得此清幽山水；

三苏中天才独绝，若尚论东坡八诗，赤壁两赋，还是公游戏文章。

【注释】

谪宦栖迟：刘长卿《长沙过贾谊宅》"三年谪宦此栖迟，万古惟留楚客悲"。

试较量：元丰二年（1079年），苏轼因乌台诗案被贬黄州，至元丰七年（1084年）奉诏赴汝州就任，恰好五年。绍圣间再贬惠州、儋州皆是后事，故曰试较量。

麦饭：为南方小吃，苏轼《和子由送将官梁左藏仲通》诗中曾经提及。

儋耳：即儋州，位于海南，时为蛮夷之地，苏轼有《儋耳》诗。

蛮花：蛮地之花。

东坡八诗，赤壁两赋：苏轼有诗作《东坡八首》，散文《前赤壁赋》《后赤壁赋》，皆谪宦黄州时所作。

【解析】

联见《古今联语汇选·祠庙》，谓“时文襄由两粤调鄂，隐然以东坡自况，游戏文章云云，圆谎亦妙”。

苏文忠公祠位于黄州赤壁，内祀东坡，始建于南宋年间，后屡建屡毁。同治七年（1868年），黄州巨富刘维桢主持重修。张之洞督鄂时曾游赤壁，撰此联，其诗作《咏怀湖北古迹九首》中有《赤壁东坡祠》。

此联上写其行藏际遇，下写其诗笔文章，长而不散，条次分明。或题为“黄州东坡故居联”“赤壁矶石坊联”，一联流传而多处使用，亦不足为奇。

武昌西山寺联

鼓角隔江听，想当年短棹频来，赖有诗篇消旅况；

官僚携屐到，忆此后玉堂归去，也应魂梦恋清游。

【注释】

鼓角隔江听：西山北临长江，与黄州赤壁相望，苏轼有《过江夜行武昌山上闻黄州鼓角》诗，故曰“鼓角隔江听”。

短棹频来：元丰二年（1079年）苏轼贬谪黄州，曾数游西山。其《武昌西山》诗序：“轼谪居黄冈，与武昌相望，亦常往来溪山间。”《答吴子野尺牍》：“对岸即武昌诸山，时时扁舟独往。”恰可为“想当年短棹频来”之注脚。

诗篇：苏轼题咏西山之作很多，如《游武昌寒溪西山寺》《与子由同游寒溪西山》《西山戏题武昌王居士》等。

携屐：谢灵运游山时常穿一种有齿木屐，称登山屐，后用携屐表示即将登山。

玉堂：指翰林院。苏轼《武昌西山》诗序：“元祐元年十一月二十九日，考试馆职，与圣求会宿玉堂，偶话旧事。”诗中还有“当时相望不可见，玉堂正对金銮开”之句。知此诗作于元祐元年（1086年），乃苏轼在汴京与内翰邓圣求话旧之作，故云“忆此后玉堂归去，也应魂梦恋清游”。

【解析】

联见刘成禺《世载堂杂忆》：“张之洞督学湖北，科试黄州毕，游武昌西山，题山寺联。”知作于同治七年（1868年）春，张之洞时任湖北学政。

鄂州西山古称樊山，因在吴王古都武昌之西，故名西山。西山寺现称古灵泉寺，东晋太元年间高僧慧远所建，为佛教净土宗发祥地。

此联虽为题署之作，而通篇与山寺并无关系，实则寄意东坡。光绪二十九年（1903年），张之洞重游西山，见旧题处增一联云：“直上九曲双峰，绝顶有奇境；只恐琼楼玉宇，高处不胜寒。”上联用元结游西山语，下联用东坡《水调歌头》，叹曰：“是真能知予当年心事者。”其时聊借东坡自况，不知竟有人排挤于后，皆舒亶、李定之流也。此联现悬刻于西山南麓九曲亭。下起一作“宾僚随展到”。

恩施问月亭联

亭如人好；
月比山高。

【解析】

联见《古今联语汇选·名胜》。

问月亭原建于湖北施州（今恩施土家族苗族自治州）城北碧波峰上，取李白“青天有月来几时？我今停杯一问之”诗意，明代施州卫抚夷同知宋洪泰所建，天启七年（1627年），明吏部郎邹维琏重建。清乾隆、咸丰、同治朝多次维修，光绪六年（1880年）知府王庭桢重修，并撰《重修问月亭记》。二十世纪六十年代被毁。

此联造语自然，明白如话，凝练雅切，惜墨如金。

衡阳湘西草堂联

自滇池八百里而下，潇湘泛艇，岣嵝寻碑，名迹访姜斋，风月湖山千古；

孕衡岳七二峰之灵，挥麈谈兵，植槐卜相，雄才张楚国，文章经济一家。

【注释】

岣嵝寻碑：岣嵝碑相传为夏禹所写，又称禹王碑，实为后世伪托。最早见于《湘中记》《吴越春秋》等书，早佚。后发现于衡山岣嵝峰，刻有古篆文，形似蝌蚪，难以辨认。

挥麈谈兵：麈，鹿尾所做的拂尘。晋人王衍等清谈时常挥麈，南宋王明清著有《挥麈录》。戚继光《韬钤深处》："呼樽来揖客，挥麈坐谈兵。"

植槐卜相：宋代王祐尝手植三槐于庭，曰"吾子孙必有为三公者"。后其子旦果入相，天下谓之三槐王氏。事见宋邵伯温《闻见前录》。

【解析】

联见《船山全书·杂录·记叙研究之属》所录王敔《湘西草堂记》文后马宗霍按语："草堂在衡阳县治西百二十里，地邻承水，明永历时行人王夫之隐居于此。初创庭宇曰湘西草堂，后建为祠。有联曰：'自滇池八百里而下，潇湘泛艇，岣嵝寻碑，名迹访姜斋，风月湖山千古；孕衡岳七二峰之灵，挥麈谈兵，植槐卜相，雄才张楚国，文章经济一家。'末署南皮后学张之洞拜撰并书。"张之洞此联撰书于光绪二十七年（1901年）年秋，原迹无存。1982年9月，由湖南文史研究馆馆员、湖南书协名誉理事何光年补书。

王夫之（1619—1692年），字而农，号姜斋，明清之际著名学者，晚年在衡阳石船山潜修十七年，发愤著述，终老于斯。主要著作有《读通鉴论》《周易外传》《尚书引义》等。

上联借写行踪，揭示草堂地理位置，赞其风景。下联以挥麈、植槐两个王氏典故，说明衡阳钟灵毓秀，引出尾句对草堂主人之月旦评。

南京豁蒙楼联

胜地何常经浩劫；
斯楼不朽奈名传。

【解析】

联见《古今联语汇选·刹宇》。

豁蒙楼位于南京鸡鸣寺内，光绪三十年（1904年）九月，张之洞再署江督时，为纪念门生杨锐而建，并题匾额，跋云：“余创议于鸡鸣寺造楼，尽伐丛木，以览江湖，华农方伯捐资作楼，楼成嘱题匾，用杜诗‘忧来豁蒙蔽’意名之。光绪甲辰九月无竞居士张之洞书。”刘成禺《世载堂杂忆》有《豁蒙楼》一文，记其始末甚详，今节录片段，以资参考：“张之洞当日本甲午之役，由鄂督移两江。某夜，风清月朗，便衣减从，与杨叔峤锐同游台城，憩于鸡鸣寺，月下置酒欢甚，纵谈经史百家、古今诗文，憺然忘归，天欲曙，始返督衙。置酒之地，即今日豁蒙楼基址也……此夕月下清谈，及杜集《八哀诗》，锐能朗诵无遗；对于《赠秘书监江夏李公邕》一篇，后四句‘君臣尚论兵，将帅接燕蓟。朗咏《六公篇》，忧来豁蒙蔽’，反复吟诵，之洞大感动……未几，戊戌政变，杨叔峤亦朝衣弃市，与康广仁等罪名并列……后之洞再督两江，游鸡鸣寺，徘徊当年与杨锐尽夜酒谈之处，大为震悼。乃捐资起楼，为杨锐纪念，更取杨锐所诵忧来豁蒙蔽句，曰‘豁蒙楼’。”

此联表述作者对物是人非之沧桑感慨。

南皮焦山寺联

治天下须用诗书，若论一经道德，四本慈悲，因当时救世立言，偶分宗派；
最上乘莫如忠孝，便作羽士摄生，桑门受戒，较流俗忘身殉利，亦判贤愚。

【注释】

治天下须用诗书：《史记·郦生陆贾列传》“陆生时时前说称《诗》

《书》，高帝骂之曰：‘乃公居马上而得之，安事《诗》《书》！’陆生曰：‘居马上得之，宁可以马上治之乎？’”

慈悲：佛教南传小部经中有《慈悲经》，为小诵经之一，此处或泛指佛教经典，一如前以《道德经》代指道教。

桑门：即“沙门”之异译，指佛教僧侣。

【解析】

联见民国《南皮县志》卷十三《故实志中·古迹》。

焦山寺在沧州南皮城东南六十里，不知肇建年月，其间庙宇繁多，规模雄壮，为全境禅林之冠。居中为三圣大殿，大殿神像中为佛，悬“佛光普照”匾，左为老子，悬“紫虚真气”匾，右为孔子，悬“圣集大成”匾。殿前左有钟楼、右有鼓楼，殿后复有一殿，极崇高，俯视群殿。另有七级浮屠，浮屠后及左右均为禅房，可容数十百人。

此联上下皆从儒、道、释三家入手，以切大殿三教合一之局。首句开宗明义，阐明立场，后辩宗派、判愚贤，立论公允，不偏不倚，与其《劝学篇》思想契合。

焦山寺联

大江流日夜；

高浪驾蓬莱。

【注释】

大江流日夜：谢朓《暂使下都夜发新林至京邑赠西府同僚》“大江流日夜，客心悲未央”。

高浪驾蓬莱：郭璞《游仙诗》“吞舟涌海底，高浪驾蓬莱”。

【解析】

联见林庆铨《楹联述录》，谓“张香涛学使集句题焦山寺”。康有为曾书此联赠人，钤印“维新百日出亡十六年三周大地游遍四洲经三十一国行六十万里”。

此联的焦山寺确指不详，山西大同有焦山寺，然景致方位皆不合，江苏镇江有焦山，词意较吻合，然寺名定慧。

旌阳来鹤楼联

鹤去我方来，使我登临增感慨；
我来鹤又去，放鹤招隐倍苍茫。

【注释】

登临增感慨：元代卞思义《侍宴叠嶂楼次苏资道韵》“不用登临增感慨，春风梁燕又归来”。

【解析】

联见胡君复《古今联语汇选·名胜》，上下联首句分别有作“鹤去几时来”“我来今又去”。“倍”或作“信”。

来鹤楼所在不详。常江《中华名胜对联大典》简注：“在枝江县。”盖枝江古有旌阳郡，但查同治《枝江县志》无来鹤楼记载，而湖南郴州、江苏苏州、江苏镇江、山东济南、河南安阳皆有来鹤楼。此楼究在湖北而县志未载，抑或胡君复偶误，殊不可考。

《对联话》称其“一片神行，不独回环嵌字为工”。

燕坐联

不合时宜苏玉局；
事多天幸霍嫖姚。

【注释】

不合时宜苏玉局：苏轼曾任玉局观提举，费衮《梁溪漫志》“东坡一日退朝，食罢扪腹徐行，顾谓侍儿曰：‘汝辈且道是中有何物？’一婢遽曰：‘都是文章。’坡不以为然。又一人曰：‘满腹都是识见。’坡亦未以为当。至朝云，乃曰：‘学士一肚皮不入时宜！’坡捧腹大笑”。

事多天幸霍嫖姚：西汉霍去病封嫖姚校尉，《汉书·霍去病传》称其“亦有天幸，未尝困绝”。

【解析】

联见《抱冰堂弟子记》，此书托名弟子，实为张之洞亲撰。略云：“自官疆吏以来已二十五年，惟在晋两年公事较简，此外无日不在荆天棘地之中。大抵所办之事，皆非政府意中欲办之事，所用之钱，皆非本省固有之钱，所用之人，皆非心悦诚服之人。总之，不外《中庸》‘勉强而行’四字。然所办各事，亦颇有竟睹成功者，真徼幸也。尝戏撰一联曰：‘不合时宜苏玉局，事多天幸霍嫖姚。’令幼子书为楹帖，悬之燕坐。”

贺 寿

寿邹代钧母

儿似北朝郦善长；

寿齐南岳魏夫人。

【注释】

郦善长：即北魏地理学家郦道元。据传张之洞此联一出，有讥其不识平仄者，张氏自我解嘲，谓借音“成长”之“长”，用为仄声。后人耳食为真，遂有借调之说，美其名曰借音对。盖“长”字俗读“常”，平起平收，于律不合。实则古人名与字，皆自有关联，“善长”之名，取自《周易》：“元，善之长。”《春秋·隐公元年》：“元者，气之本也，善之长也。”故而郦道元之外，宋代孟元、金代赵元，皆字善长。“善之长”即“善行之始”，“长”为“首”“始”之意时读“掌”。张之洞精于训诂，未必不知。

魏夫人：名华存，晋代司徒魏舒之女，幼好神仙之术，传得道成仙，尊奉为道教上清派第一代宗师，世称南岳夫人。

【解析】

联见王文濡《联对大全》卷五《祝贺类上》。

邹代钧（1854—1908年），字沅帆，湖南新化县罗洪（今属隆回县）人，清末地图学家。光绪十三年（1887年），随太常寺卿刘瑞芬出使英、俄，十五年（1889年）回国任会典馆纂修官。其母六十寿辰，湖广总督张之洞以百金为寿，撰书此联，并聘其离京赴鄂，总纂《湖北舆地图》。十六年（1890年），张之洞办两湖书院，聘为地理教席。二十年（1894

年），张之洞开湖北译书局，仍留其负责编辑《海国地图》。后张之洞调任军机大臣，兼管学部，又荐其为京师大学堂地理总教习。当年张之洞以封疆大吏之职，纡尊访贤，成为一时美谈。

寿李文忠联

四裔人传相司马；

大年吾见老犹龙。

【注释】

四裔：语出《尚书·舜典》，本指幽州、崇山、三危、羽山四个边远地区，后泛指四方边远之民。

相司马：元丰八年（1085年），司马光复出为相，辽、夏使至，必问其起居，敕边吏曰："中国相司马矣，毋轻生事、开边隙。"事见《宋史·司马光传》。

大年：指年寿长。语自《庄子·逍遥游》："小知不及大知，小年不及大年。"

老犹龙：孔子谓弟子曰"至于龙吾不能知，其乘风云而上天，吾今日见老子，其犹龙耶"！事见《史记·老子韩非列传》。

【解析】

联见《古今联语汇选·庆贺》。

李鸿章（1823—1901年），字少荃，安徽合肥人，洋务运动主要领导人，卒谥"文忠"，与曾国藩、左宗棠、张之洞并称"中兴四大名臣"。张李二人同倡洋务，然关系并不融洽。光绪六年（1880年），张之洞为司经局洗马，因《中俄伊犁条约》上折批评北洋大臣李鸿章"岁糜数百万金钱以制机器而养淮军……身为干城，甘心畏葸，不能任战以解君父之忧"。张之洞攻其贪怯误国，李鸿章则蔑其空言无用。中法战争之际，张之洞为粤督，主战，李鸿章为军机大臣，主和。在取得镇南关大捷之后，李鸿章致电张之洞，命其停战撤兵，并与法国公使签订《中法会订越南条约》，掣肘抽薪，致使张之洞失去取得更大胜利机会，二人矛盾愈深。光绪十八年（1892年）正月初五，李鸿章七十大寿，张之洞依例祝贺，撰书此联，并作《李少荃傅相七十寿序》。然而李鸿章死后，张之洞只送一

"奠"字，可见对其无话可说。

上联拉司马光作衬，切其官爵，赞其声望。下联以李耳（老子）为陪，切其姓氏，祝其寿考。

《对联话》称其"脍炙人口"。翁同龢亦曾书赠李鸿章一联："中国相司马矣，老子其犹龙乎。"与此联用典雷同。

寿刘坤一联

华阳贞白神仙地；
江左夷吾柱石臣。

【注释】

华阳贞白：华阳，华山之南。陶弘景归隐茅山，自号华阳隐居，国家每有吉凶征讨大事，无不前以咨询，时人谓之山中宰相。贞白，陶弘景卒谥"贞白先生"。

江左夷吾：江左，长江以东。夷吾，即管仲。东晋温峤称赞王导为"江左夷吾"，事见《晋书·温峤传》。

【解析】

联见恩寿等辑《新宁刘宫保七旬赐寿图》，光绪石印本，一函八册，现藏湖南图书馆。

刘坤一（1830—1902年），字岘庄，湖南新宁人，湘军宿将。光绪七年（1881年），身为南洋大臣受张之洞弹劾，遭免职赋闲九年，至十六年（1890年）才被重授两江总督。然二人并未因此对立。十九年（1893年），张之洞时任湖广总督，遭大理寺卿徐致祥参劾，刘坤一曾为其缓颊。翌年甲午战争爆发，刘坤一北调主持军务，张之洞首次接手署理两江，为时一年。二十六年（1900年）庚子之变，张之洞会同刘坤一与驻沪各国领事议定"东南互保"，客观维护了江南安定。明年，慈禧发布变法诏，张、刘二人联衔会奏"变法三疏"，成为清末新政的行动大纲。刘坤一死后，张之洞再次署理两江，二人可谓肝胆相照，惺惺相惜。此联即光绪二十五年（1899年）十二月二十二日为贺刘坤一古稀寿辰所撰。

此联以陶弘景、王导比拟刘坤一，切其治地两江（江南省和江西省）及其军事才能，拉人作衬，与前一联机杼相同。

寿李苾园

同甲会酣真一酒；

长庚星朗小重阳。

【注释】

同甲：同龄之意。《梦溪笔谈》中有文彦博、程珦、司马旦、席汝言等人皆年七十八岁，尝为同甲会之事。此以北宋重臣潞国公自拟，是为切口吻。

真一酒：苏轼居岭南时自酿酒。其《真一酒》诗引："米、麦、水三一而已。此东坡先生真一酒也。"此以谪臣苏轼拟李苾园，是为切身份。

长庚：亦名太白星，李白出生时其母"长庚入梦"，故名白，小字长庚。此处切姓。"甲、庚"天干为对，犹见工巧。

小重阳：即九月初十日。宋吕原明《岁时杂记》："都城士庶，多于重九后一日，再集宴赏，号小重阳。"此处切日。

【解析】

联见向义《六碑龛贵山联语》"李苾园宗伯自戊戌还山后，某岁九月初十日为其寿辰，同年张香涛自京寿以联云：'同甲会酣真一酒，长庚星朗小重阳。'切姓、切日、切身份、切口吻，颇为得体"。

李端棻（1833—1907年），字苾园，祖籍衡阳，生于贵州。同治二年（1863年）与张之洞同榜考中进士，授内阁学士，与张之洞、陈宝琛、张佩纶、宝廷等人号称"松筠十君子"。光绪十五年（1889年）主考广东乡试，发现并赏识梁启超，以堂妹李惠仙妻之。二十二年（1896年）任刑部左侍郎，上《请推广学校折》，倡议教育改革。后密荐梁启超、康有为入朝，二十四年（1898年）授礼部尚书，旋变法失败，被革职流放。二十七年（1901年）得赦还乡，途经武汉拜谒张之洞。晚年受聘贵州经世学堂山长，著有《苾园诗存》。张、李二人既有同年之谊，又曾同为清流党人，加以廉洁为官、改革教育、鼓励维新等观念契合，堪称交谊深厚。

向义为贵州贵阳人，与李苾园同乡，因礼部尚书别称大宗伯，故有是称。此联张之洞作于京师，按李苾园自光绪二十四年（1898年）返乡至三十三年（1907年）亡故，唯二十九年（1903年）、三十三年（1907年）张之洞在京，故此联应为李苾园七十一岁或七十五岁寿辰所作。

寿袁世凯

朝有王商威九译；

寿如召奭佐重光。

【注释】

王商：汉成帝丞相，为人敦厚。《汉书·王商传》：“河平四年，单于来朝，引见白虎殿。丞相商坐未央廷中，单于前，拜谒商。商起，离席与言，单于仰视商貌，大畏之，迁延却退。天子闻而叹曰：‘此真汉相矣！’”

九译：指边远地区或外国。远道之国至中国，语言不通，须经辗转翻译，故名。

召奭：即召公奭，西周宗室、大臣，辅佐周成王、周康王开创成康之治。

【解析】

联见《古今联语汇选·庆贺》：“时光绪三十四年，项城以军机大臣兼外部尚书。”知为袁世凯五十寿日而撰。《对联话》：“《申报》载其受贺品物有泥金屏寿文百二十首，对联五百余首，东溪谓可方明之魏忠贤，盖恶其侈也。”

袁世凯（1859—1916年），字慰庭，又作慰亭，河南项城人，北洋军阀领袖。光绪三十一年（1905年），二人会奏废除科举，推广学校。三十三年（1907年），张之洞入京陛见，途经保定，袁世凯时任直隶总督，设宴款待，张之洞竟而酣睡席间，玩轻之心可见。袁世凯深于城府，虽生嫌隙而不至反目。自李鸿章、刘坤一去世，张、袁二人各拥重兵，为汉臣之首领，且同属开明改革派，故而尚能通力合作。三十四年（1908年）八月二十一日，袁世凯五十岁生日，张之洞为其撰此联。十二月溥仪登位，监国摄政王载沣拟杀袁世凯，张之洞深知唇亡齿寒，极力阻止，袁乃得免死。

王商与召奭皆曾辅弼幼主，忠心体国。结合当时朝政，光绪帝幽禁病重，宣统继位已成定局，张之洞特意旁敲侧击，可谓用意深婉。又据刘成禺《世载堂杂忆》所记，梁鼎芬曾以此联诟病张之洞，张之洞自我解嘲曰：“寿联乃普通酬应，既与袁同在枢垣，日日相见，讵能不敷衍之？”

寿鹿传霖

朱颜南北同霜鬓；

玉宇高寒放晚香。

【注释】

朱颜南北同霜鬓：王士祯《叹老口号寄宋牧仲巡抚》诗“尚书北阙霜侵鬓，开府江南雪满头。谁识朱颜两年少，王扬州与宋黄州”。王士祯官至刑部尚书，宋荦官至礼部尚书，而张、鹿二人皆为巡抚，晚年并入主军机。

玉宇高寒放晚香：苏轼《水调歌头》“又恐琼楼玉宇，高处不胜寒”。元代黄镇成有“玉宇高寒不可留”“玉宇高寒上界同”等诗句。明代徐庸《菊圃幽香》诗“黄花菊放晚香幽”。据《同治壬戌会试录》《道光十二年至宣统三年王公大臣年岁生日表》《古今人生日考》等书记载，鹿传霖生日为七月十八日，故以明月、秋菊寓意。

【解析】

联见《古今联语汇选·庆贺》。

鹿传霖（1836—1910年），字滋轩，号迂叟，直隶定兴（今属河北）人。其父鹿丕宗与张锳曾同在贵州为官，结为儿女亲家，鹿传霖妻子张氏即张之洞胞姊。同治元年（1862年）进士，历任四川总督、广东巡抚、两广总督、军机大臣等职，晚年入主中枢，为体仁阁大学士。

据传张之洞族侄张宗英一日拜见张之洞，言及学问，张令其读《辅轩语》《书目答问》，宗英曰：“皆已读过，并有所记。《辅轩语》中教人作诗文，不用两宋以后之典，未知确否？”张欣然点头。宗英随举此联以诘之，张查其有讥讽之意，大为不悦。

寿汪鸣銮

六典衡裁，瞻文曲五星，光彩三台临北斗；

九畴福寿，如汉石七曜，嵯峨一带镇南州。

【注释】

六典：古代指治典、教典、礼典、政典、刑典、事典等六方面的治国之法。《周礼·天官·大宰》：“大宰之职，掌建邦之六典，以佐王治邦国。”

文曲：即文昌六星中的文曲星。旧时传说主文运。学政掌管地方的文化教育，选拔士子。

三台：亦星名，分上台、中台、下台。《晋书·天文志上》：“三台六星，两两而居……在人曰三公，在天曰三台，主开德宣符也。西近文昌二星曰上台，为司命，主寿。次二星曰中台，为司中，主宗室。东二星曰下台，为司禄，主兵，所以昭德塞违也。”

九畴：指传说中天帝赐给禹治理天下的九类大法，参见《尚书·洪范》，其中次九曰“飨用五福，威用六极”。五福即寿、富、康宁、好德、善终。福寿九畴为古人祝寿之熟语。

汉石：不详。四川沱江有三台七曜石，恐非张之洞所指。

七曜：即北斗七星。

南州：特指两粤，杜甫《从人觅小胡孙许寄》诗：“人说南州路，山猿树树悬。”顾宸注曰：“两粤为南州路。”

【解析】

联见王文濡《联对大全》卷五《祝贺类上》。

汪鸣銮（1839—1907年），字柳门，号郎亭，浙江钱塘（今杭州）人，著名藏书家，编有《万宜楼善本书目》。光绪十二年（1886年）出任广东学政，张之洞时为两广总督。十四年（1888年）学政任满，进工部右侍郎，同年六月初一日，汪鸣銮五十岁生日，张之洞为其撰此联。汪鸣銮入京后与翁同龢等人抗颜直谏，号称“后清流”，为“翁门六子”之首。官至吏部右侍郎，后因言获罪，被慈禧太后革职，归乡主讲于杭州诂经书院。

此联上切官职，下切地理，数字对仗极具特色。

哀挽

挽曾国藩

韩苏无武，绛灌无文，综数子所长，勋名巍焕；

泰华之高，洞庭之大，叹哲人其萎，云水苍凉。

【注释】

韩苏无武，绛灌无文：韩苏指韩愈、苏轼，绛灌指西汉绛侯周勃与颍阴侯灌婴。此句袭自《晋书·刘元海载记》："吾每观书传，常鄙随陆无武，绛灌无文。"

哲人其萎：喻指贤者病逝，为慰唁常用词。语出《礼记·檀弓上》："泰山其颓乎，梁木其坏乎，哲人其萎乎！"

【解析】

联见黄际遇《因树山馆日记》第三册1936年7月4日日记："竟日与镐臣对坐，记所述一联，云张孝达挽曾湘乡云：'韩苏无武，绛灌无文，综数子所长，勋名巍焕；泰华之高，洞庭之大，叹哲人其萎，云水苍凉。'辨色审声，亦可知出南皮之手，惟'泰华'一语不若易为'衡岳'，风光本色，弥见地灵。"张之洞用"哲人其萎"之典，故首句用"泰华"，而曾国藩家乡湖南，黄际遇之言，亦不无道理。镐臣姓氏不详，为黄际遇潮州同乡。

曾国藩（1811—1872年），字伯涵，号涤生，湖南长沙府湘乡县白杨坪（今属双峰）人。曾统帅湘军剿灭太平天国，首倡洋务运动，官至武英殿大学士，著有《求阙斋文集》《诗集》《曾文正公书札》等，其文教武勋，对张之洞影响极深。同治十一年（1872年）二月初四日薨，朝廷闻讯，追赠太傅，谥号“文正”，祀京师昭忠、贤良祠。张之洞时年三十六岁，于京师任翰林院教习庶吉士。

挽继室王夫人

卿盛年、吾将老，岂期见尔生天，检囊时刺血书经，泉下先归供一恸；

重风节、爱文章，真可与夫偕隐，忆良宵剪灯读画，梦中践约或重来。

【解析】

联见《古今联语汇选·哀挽》。

王夫人，名懿娴，四川龙安知府王祖源之女，张之洞金石契友王懿荣之妹，能书善画，有才女名。同治年间，张之洞与王懿荣比邻而居，志趣相投，因得相识。光绪二年（1876年），张之洞出任四川学政时，经王懿荣撮合，聘为继室。后张之洞任满回京，任文渊阁校理，处境清约，王夫人尝典衣置酒，为办生日。三年（1877年），生女仁准。五年（1879年）二月，卒。张之洞有《咏叹诗》三首悼之。

王懿荣小张之洞八岁，成亲时张之洞四十岁，王夫人应为三十左右，故曰“卿盛年、吾将老”。

林庆铨《楹联续录》“见尔”作“见汝”，“检”作“忆”，“恸”作“痛”，“风节”作“气节”，“真可”作“尽堪”，“忆良宵”作“想凉夜”，“剪灯”作“伤心”。异文较多，或为改稿。

挽秦姨太

同梦忆当年，忍数过眼流光，花残月缺送春去；

返魂痛无术，空余伤心老泪，近水远山赋楚些。

【注释】

楚些：《楚辞·招魂》是沿用楚国民间流行的招魂词的形式而写成，句尾皆有“些”字。后因以“楚些”指招魂歌。

【解析】

联见郭莲青《张香涛趣闻》。

张之洞有二位如夫人，李夫人眼甚大，署中称为大眼李姨太，秦夫人体瘦弱，大有随风而去之娇态，署中以瘦秦姨太呼之。《张香涛趣闻》“洗足风潮”一则称：“一日文襄退衙入内署，呼令一婢为之洗足，此婢系李姨太房中役使者。适值此日李姨太与秦姨太争吵，秦姨太满腔余怒无处发泄，文襄平日固不拘小节，在此期间不免稍有放浪形骸，秦姨太瞥见立即晕绝，撅救无效，文襄甚为痛悼，乃厝于洪山宝通寺，并挽以联曰：‘同梦忆当年，忍数过眼流光，花残月缺送春去；返魂痛无术，空余伤心老泪，近水远山赋楚些。’悼亡深情，泪随声下。”

挽吴可读

歼良终痛秦黄鸟；

授命无惭卫史鱼。

【注释】

歼良终痛秦黄鸟：秦伯任好卒，以子车氏之三子奄息、仲行、针虎为殉，皆秦之良也。国人哀之，为之赋《黄鸟》。《诗经·秦风·黄鸟》：“彼苍者天，歼我良人！如可赎兮，人百其身！”

授命无惭卫史鱼：《韩诗外传》“昔者卫大夫史鱼病且死，谓其子曰：‘我数言蘧伯玉之贤而不能进，弥子瑕不肖而不能退，为人臣生不能进贤而退不肖，死不当治丧正堂，殡我于室足矣。’卫君问其故，子以父言闻。君造然召蘧伯玉而贵之，而退弥子瑕，徙殡于正堂”。孔子称他为“直哉史鱼，邦有道如矢，邦无道如矢”。

【解析】

联见《古今联语汇选·哀挽》。

吴可读（1812—1879年），字柳堂，号冶樵，甘肃兰州人。善诗文楹联，性戆直。光绪五年（1879年）四月，同治帝后棺椁移葬惠陵，吴可读时任吏部主事，监护移葬，为“继嗣继统”之争，竟而身怀疏稿，服毒尸谏。疏稿中“仰求我两宫皇太后再降谕旨，将来大统，仍归大行皇帝嗣子”。此事轰动朝野，令慈禧太后处境尴尬。五月三十日，张之洞与宗室宝廷联衔上疏，为慈禧解围，巩固其政治地位。

朱应镐《楹联新话》：“皋兰吴柳堂先生可读居谏垣，因劾乌鲁木齐提督成禄，言激切过当，下部议，免官。光绪初，召吏部主事。及葬惠陵，力请为行礼官。礼成，自尽于蓟州马伸桥之三义庙，遗疏论继统事。吏部以闻，上震悼，赐恤如例。好义者争输地与金，为营葬于蓟，使望惠陵，从先生志也。张抚部之洞撰联挽之。”

雷瑨《楹联新话》：“清同治帝薨，未有储贰，慈禧太后思揽政权，故不为立嗣，特令光绪帝入承大统，仍以母后之尊，垂帘听政。此中隐情，廷臣未尝不知，特慑于慈禧之威，故相率安于缄默也。甘肃吴柳堂侍御可读，心知其非，虑以疏逖小臣，未必有回天之力，乃于同治帝奉安时，自尽于蓟州之三义庙，遗疏仍以为同治帝立嗣为请，一时朝野上下，无不钦其忠烈，比之于史鱼之尸谏焉。哀挽之章，不远千里而至，好事者辑为《孤忠录》。兹录其最佳者，如……诸联以张香涛十四字用典最切。”

以上二书“无惭”皆作“能卑”。

此联以春秋时为秦穆公殉葬之子车奄息兄弟及尸谏卫灵公之史鱼作衬，稳切吴可读其人其事。

挽张树声

代公惭武库之才，岘首哀思，片石人怀羊太傅；

报国示据鞍可用，壶头瘴疠，明珠天鉴马将军。

【注释】

武库：称誉学识渊博、干练多能之人。典出《晋书·杜预传》：“预在内七年，损益万机，不可胜数，朝野称美，号曰‘杜武库’，言其无所不有也。”

岘首：山在湖北襄阳市襄城区南。西晋羊祜曾坐镇襄阳，临终推荐杜预自代，死后追赠太傅。其部属在岘山建碑立庙，每年祭祀，谒碑者莫不流涕，杜预因称之为堕泪碑。此处张之洞以杜预自拟，将张树声比作羊祜，切合二人关系，用典极为稳恰。

据鞍可用：东汉马援六十二岁请命南征，光武帝忧其年老，马援"据鞍顾眄，以示可用"。

瘴疠：指感受瘴气而致疾病。马援行军至湖南沅陵壶头山，"士卒多疫死，援亦中病，遂困，乃穿岸为室，以避炎气"。

明珠：马援于交趾时常服食薏苡以御瘴气，班师时带回一车薏苡。马援死后，有人诽谤他"前所载还，皆明珠文犀"。

以上三事皆见于《后汉书·马援传》。

【解析】

联见林庆铨《楹联续录》。

张树声（1824—1884年），字振轩，安徽合肥人，清末淮军将领。光绪九年（1883年）秋，法军入侵越南，时任两广总督之张树声已重病在床。十年（1884年）四月，张树声因病请开去总督缺，专治军事，朝廷调派山西巡抚张之洞出任两广总督。张之洞上任之初，有人向朝廷密报张树声徇私枉法、玩忽职守，朝廷命张之洞查办此事，张之洞以大局为重，力保张树声无事。同年九月初八日，张树声病逝于军中，朝廷加恩著照总督例赐恤，并将事迹宣付史馆立传，谥曰"靖达"。张树声病故之后，灵柩运回故乡肥西县，安葬于周公山西麓。遗著有《张靖达公奏议》《张靖达公杂著》等。

李承衔《自怡轩楹联剩话》谓"甲申重九，宫保张振轩树声薨于粤东"，日期恐有误。

朱应镐《楹联新话》："张振轩宫保树声督两广，法越衅起，疏论战守事宜，与廷议不合，迭被纠劾。公不自安，乃请解任专办防务，得旨俞允，以张香涛制府代之。甲申九月初日薨于军，制府挽之云：'代公乏武库之才，岘首哀思，片石人怀羊太傅；报国示据鞍可用，壶头瘴疠，明珠天监马将军。'时龚霭人藩伯撰联，亦以羊、马相拟，谓人曰：'我两人所见略同也。'其句云：'云撼大星沉，民思遗爱，军感旧恩，马伏波功竟壶头，兴谤无端生薏苡；风澄南海静，公定成规，我怀知己，羊太傅碑留岘首，登高何处奠茱萸。'"其中"惭"作"乏"，"天鉴"作"天监"。

《对联话》"天鉴"亦作"天监"。

周宗麟《疢存斋联语汇录》并言及弹劾事，“时靖达为言官所劾待勘，得旨复原，文襄措词之工如此”。

此联不惟羊、马之对绝妙，且下句皆用马援之典，此为典故串用法，读者尤须用心体会。

挽袁锡臣

明诏策贤良，长才未展骥千里；

旧交虚辟荐，片楮珍传凤一毛。

【注释】

贤良：贤良文学乃汉代选官取士之重要科目之一，公元前165年，汉文帝颁发《策贤良文学诏》，晁错上《举贤良对策》，被采纳。

未展骥千里：司马光《登封庞国博年三十八自云欲弃官隐嵩山作吏隐庵于县寺俾光赋诗勉率塞命》“懋德负长才，全牛不足剸。才为百里宰，骥足殊未展”。

片楮：即片纸，此指袁锡臣之书画作品。

【解析】

联见向义《六碑龛贵山联语》：“袁锡臣舍人思韠，工八法，名震京师，极为张文襄公所赏。时方督粤，保升知府。奏调至粤，襄理莲幕。文襄书札，多出其手。向用方殷，遽以劳卒，文襄深惜焉。”

袁思韠（1838—1888年），字锡臣，号樨岩，贵州贵阳人。同治八年（1869年）举人，由内阁中书保知府加盐运使衔，分发广西补用。袁锡臣能文工诗，擅长书画，著有《双印斋诗集》。

挽李鸿藻

元祐初政，世称司马忠纯，再相未几时，凄凉竟堕天下泪；

筹边非长，我愧晋公荐疏，九原不可作，苍茫空负大贤知。

【注释】

司马：北宋司马光因反对王安石变法，离开朝廷十五年，元祐元年（1086年）去世。

晋公：唐代裴度以功封晋国公，曾重用李光颜、李愬等名将。

【解析】

联见李宗侗《李鸿藻年谱》：“文襄之任晋抚，实出公（即李鸿藻）所保，所以文襄于公故后，有联挽曰：‘元祐初政，世称司马忠纯，再相未几时，凄凉竟堕天下泪；筹边非长，我愧晋公荐疏，九原不可作，苍茫空负大贤知。’观末联所言甚为明显。张之洞在京之际与公交往颇繁，除经常深夜长谈外，往来函件亦甚多，此处所采用手稿三十七件，为光绪六七年间所写，惟用暗语特多，使人不甚了了。”

李鸿藻（1820—1897年），字寄云，号兰孙、石孙、砚斋，河北保定人。咸丰二年（1852年）进士，光绪二年（1876年）任兵部尚书、协办大学士，为清流党首领。五年（1879年），冀中大饥，与张之洞共同呼吁朝廷官员募捐助赈，并用余款修建畿辅先哲祠。同年，与张之洞等清流党人极力反对崇厚擅订《里瓦几亚条约》，致朝廷改派曾纪泽赴俄另议，重新签订《中俄改订条约》。九年（1883年），法国侵扰中国属国越南，中法战争期间强烈主战，积极支持张之洞。二十三年（1897年）病卒，谥“文正”，入祀贤良祠。

此联以司马光、裴度比拟李鸿藻，用典贴切，情感真挚。

挽彭玉麟

五年前瘴海同袍，艰危竟奠重溟浪；

二千里长江如镜，扫荡难忘百战人。

【注释】

瘴海：指南方海域。

【解析】

联见光绪十六年（1890年）茹古斋刊版《彭刚直公荣哀录》，《古今联语汇选》《对联话》等书录之。

彭玉麟（1816—1890年），字雪琴，号退省庵主人、吟香外史，湖南衡阳人。湘军水师创建者，官至兵部尚书，人称雪帅。彭玉麟卒于光绪十六年（1890年）十二月十四日，谥“刚直”，光绪帝为表彰他及同年而卒的湘军水师同僚杨岳斌，于镇江北固山敕建彭杨二公祠。

光绪十年（1884年）中法战争爆发，彭玉麟奉旨赴广东办理防务，与张之洞和衷共济。十一年（1885年）率领老将冯子材取得镇南关大捷。张之洞《彭刚直公挽诗》中自注：“凡防海规越，计画兵食及谏阻停战撤兵诸事，余意皆与公合，折奏、电奏皆余属稿，联衔会奏，不易一字。”咸丰、同治年间，彭玉麟曾统帅湘军水师，与太平军作战多年。张之洞《彭刚直公挽诗》：“神州贯长江，其南际涨海。江海幸息浪，砥柱今安在。持危望同心，事棘公不待……”

挽蔡锡勇

启蓝筚山林于不匮，只为民生，誉听之，毁亦听之，成绩难磨华裔口；

咏车轴阴雨而永怀，常思予助，才可及，廉不可及，衋伤齐动友僚哀。

【注释】

车轴阴雨：雨点大如车轴，形容雨大。唐代释道世《法苑珠林·劫量》：“注大洪雨，其滴甚粗或如车轴，或复如杵。”

衋：音细，悲伤痛苦。

【解析】

联见王嵩儒《掌固零拾》。

蔡锡勇（1845—1898年），字毅若，福建龙溪人。广东同文馆首届（1867年）毕业生，光绪五年（1879年）曾出使美、日等国，归国后长期为张之洞幕府。张之洞在《蔡锡勇留粤补用片》中称其“能深明大体，动协机宜，实为办理洋务不可多得之员”。在粤期间，前后担任过办理洋务处提调、鱼雷局、水陆师学堂、文报局会办、广东银元局提调及海图馆总办。光绪十五年（1889年），张之洞调任湖广总督，专上奏章请求将蔡锡勇等人调至湖北差遣。张之洞在湖北创办炼铁厂、枪炮厂，银元、织布、纺纱、缫丝四局及自强、武备学堂等，均由他总其成。光绪二十四年（1898年）二月，突发脑出血而亡。张之洞上奏请恤，痛称："极目时艰，人才罕觏，尤不能不为国家惜此人矣！"

挽徐建寅

中华化学更有几人？从此广陵成绝调；
今日军资为第一事，痛哉欧冶堕洪炉。

【注释】

广陵成绝调：三国魏嵇康善弹《广陵散》，秘不授人。后遭谗被害，临刑索琴弹之，曰："《广陵散》于今绝矣！"

欧冶：又称欧冶子，春秋时著名铸剑工，死因不详。《搜神记》中有干将铸剑不成，自己跃入洪炉之传说。此处或系张之洞误记。

【解析】

联见《对联话》。雷瑨《楹联新话》："无锡徐仲虎观察建寅，湛深西学，为湖北钢药厂总办，实验无烟火药，竟遭轰毙，时论惜之。"

徐建寅（1845—1901年），字仲虎，江苏无锡人，因精通洋务为张之洞所赏识重用。光绪十六年（1890年），应张之洞之邀，会办湖北铁路局，勘定大冶铁厂厂基。二十六年（1900年）六月，又被张之洞调至湖北，督办全省营务，后委办省城保安火药局。二十七年（1901年）受张之洞委派创办钢药厂，三月，在试制无烟火药时发生爆炸，不幸殉职。张之洞为其奏请优恤，追赠为二品衔内阁学士，交国史馆立传，入祀昭忠祠。徐建寅著有《兵学新书》《测地捷法》等，为近代牺牲于科研岗位上第一位科学家。

挽刘坤一

惟公功在长江，当年右挈左提，何幸有老成同志；
使我泪倾东海，此后外交内治，谁与纾宵旰深忧。

【注释】

右挈左提：《史记·张耳陈余列传》“夫以一赵尚易燕，况以两贤王左提右挈，而责杀王之罪，灭燕易矣”。

外交内治：张之洞《致刘世兄》“顾念尊公大人殊勋懋绩，彪炳中兴，内治外交，经营全局”。

宵旰：即宵衣旰食之省，此借指帝王。王世贞《鸣凤记·夏公命将》：“况此河套，原为我地，不意己巳之变，遂沦左衽之区。上廑宵旰之忧，下混华戎之辨，诚臣子枕戈待旦之时也。”

【解析】

联见雷瑨《楹联新话》：“刘岘庄制军坤一，湖南人，咸同间中兴名臣也。历任封圻，督两江犹久。光绪庚子拳匪之乱，与外人立约，保障东南，厥功甚伟。光绪某年薨于位，谥忠诚。”刘坤一卒于光绪二十八年（1902年）九月五日，张之洞闻耗震恸，致函刘坤一之子刘能纪，略云：“前接电音，骇悉尊公忠诚公骑箕之耗。台斗星辰，苍茫掩曜。东南柱石，瞬息倾颓。哀痛当遍寰中，何止鄙怀摧恻……兹寄呈挽幛一悬、挽联一副、祭席一筵、楮币全分，尚祈代呈几筵是幸。”并致电江宁藩司沈幼彦，表示“将来岘帅碑铭、墓表，洞愿任其一，以尽鄙忱”。

挽长孙张厚琨

宗悫堕马竟戕生，虚予期望乘长风破巨浪之志；

汪锜虽殇亦何憾，恨汝未能执干戈卫社稷而亡。

【注释】

宗悫：《宋书·宗悫传》“悫年少时，炳问其志，悫曰：‘愿乘长风破万里浪’”。

汪锜：《左传·哀公十一年》“公为与其嬖僮汪锜乘，皆死，皆殡。孔子曰：‘能执干戈以卫社稷，可无殇也。’”

【解析】

联见《古今联语汇选·哀挽》：“张文襄督两湖时，其孙自海外留学归，戎装乘骑入署，卫兵列队，鸣炮以迎。甫及辕，马受惊，腾骧翻堕，其孙佩剑竟刃腹而死。文襄哭之恸，挽以联云。”

张厚琨（1881—1901年），字刚孙，张权长子。光绪二十四年（1898年）九月，被派往日本军官学校留学，其间加入孙中山在日本组织的革命党。二十七年（1901年）十月，未曾毕业即被张之洞闻讯召回，十二月于赶赴总督衙门途中，坐骑受惊摔堕马下，而脚套于蹬内无法自拔，拖拉之际，腰间指挥刀刺入腹内，不幸身亡。张之洞闻讯悲痛异常，命人鞭毙其马，并撰此联。

此联异文较多，吴恭亨《对联话》“亦何憾”作“亦何恨”，“恨汝未能”作“怜汝未能”。雷瑨《楹联新话》“汪锜”作“汪踦”，“亦何憾”作“亦何害”，“恨汝未能”作“恨汝不能”。《疢存斋联语汇录》“汪锜”作“汪踦”，“恨汝未能”作“恨汝不能”。按：“汪锜”古籍中亦作“汪踦”。

挽瞿廷韶

人琴怀旧三千里；

风浪同舟十五年。

【注释】

人琴：指痛失知音。《世说新语·伤逝》：“王子猷、子敬俱病笃，而子敬先亡。子猷问左右：‘何以都不闻消息？此已丧矣！’语时了不悲。便索舆来奔丧，都不哭。子敬素好琴，便径入坐灵床上，取子敬琴弹，弦既不调，掷地云：‘子敬！子敬！人琴俱亡。’因恸绝良久，月余亦卒。”

同舟：比喻知己相处，不分贵贱，亲密无间。《后汉书·郭太传》：“郭太字林宗，太原界休人也。家世贫贱……乃游于洛阳。始见河南尹李膺，膺大奇之，遂相友善，于是名震京师。后归乡里，衣冠诸儒送至河上，车数千两。林宗唯与李膺同舟而济，众宾望之，以为神仙焉。”

【解析】

联见民国二年（1913年）江苏武进《瞿氏宗谱》卷十二《赓甫府君行述》：“五月十七日，不孝世琬复来鄂为母祝嘏，二十二日返皖时尚无恙，孰意二十二日府君拜客归，忽患湿瘟之症，延至六月初四日辰刻，竟舍不孝等而长逝矣。南皮宫保时在京办商约，闻讣后电挽一联：‘人琴怀旧三千里，风浪同舟十五年。’府君之宏济艰难，其大概可见于斯言也。”

瞿廷韶（？—1903年），字赓甫，江苏武进人。同治九年（1870年）举人，历任宜昌知府，湖北按察使、布政使。在湖北为官三十余年，曾辅佐张之洞推行新政，被委办织布、矿务、缫丝、炼铁各局厂。光绪二十九年（1903年）六月卒，张之洞撰写《赓甫公行述》，称其“治行卓越，器识闳通，有守有为，无偏无党，为司道中第一人员”。

挽宋俊卿

汉上感沧桑，闻诗犹说趋庭事；
黔陬黯梁月，入梦应来死友魂。

【注释】

汉上：指武汉。

黔陬：指安龙。

【解析】

联见向义《六碑龛贵山联语》：“安龙宋俊卿杰，与张文襄公为总角交，文襄开府鄂中时，俊卿尝往省之。后卒于家，文襄挽以联云：‘汉上感沧桑，闻诗犹说趋庭事；黔陬黯梁月，入梦应来死友魂。’”

宋俊卿（1823—1904年），名杰，贵州兴义府人。早年受知于前郡守张锳，得识其子张之洞、女婿鹿传霖，与之订交。宋杰秉性慈祥，急公好义，曾以积功荐云南州判，不出仕。张之洞任两广总督时，有书札邀约宋杰到督府叙旧，宋杰终未成行。光绪二十二年（1896年）张之洞移督湖广，屡以函电促，始往一晤，时年其七十三岁，张之洞五十九岁。宋杰自武汉返安龙之后，寿至八十一岁无疾辞世。其子宋绍钖于光绪三十一年（1905年）入张之洞幕府。

上联以孔鲤趋庭学诗之典感忆同窗，下联以杜甫《梦李白》诗意念怀挚友。

挽易笏山

白莲结社追元亮；
赤顶升天见大年。

【注释】

元亮：陶潜字元亮。东晋孝武帝太元十五年（390年），高僧慧远于东林寺成立白莲社，据《莲社高贤传》所记，陶渊明、谢灵运等人均为白莲社成员。

赤顶：或指老年脱发，头顶秃赤。应璩《百一诗》：“醉酒巾帻落，秃顶赤如壶。”《列仙传》中有赤顶子，谓其“食天门冬，齿落更生，细发复出”。袁枚《子不语》卷十六有“仙人顶门无发”故事。

大年：所指不详。

【解析】

联见《古今联语汇选·哀挽》。

易佩绅（1826—1906年），字笏山，湖南龙阳人。光绪八年（1882年）任山西布政使，时张之洞任山西巡抚。后官至江苏布政使，目击当局无能，割地赔款，国弱民贫，乃托病辞职，拜佛信道。著有《函楼诗抄》，有“悲愤何时能遣尽，特将消息问仙人”“众人迷处能先醒，日朗晴空即上仙”之句。其子易顺鼎曾入张之洞幕府，任两湖书院经史讲席。

挽长沙张文达

忠肝古谊嗟难及；
旧学新知忆共商。

【注释】

忠肝古谊：《宋史·文天祥传》“考官王应麟奏曰：‘是卷古谊若龟鉴，忠肝如铁石，臣敢为得人贺。’”

旧学新知：朱熹《鹅湖寺和陆子寿》“旧学商量加邃密，新知培养转深沉”。

【解析】

联见陈毅《长沙张文达公荣哀录》。光绪三十三年（1907年）二月十八日，张百熙去世，谥“文达”。明年九月，陈毅编成《荣哀录》，宣统元年（1909年）闰二月，由北京德兴堂印字局刷印。

张百熙（1847—1907年），字冶秋，号潜斋，湖南长沙人，晚清著名教育家。光绪二十七年（1901年）初，张百熙由广东赴西安参加军机大臣选拔之前，特地拜访张之洞，询以“自强宗旨”。二十八年（1902年）一月，张百熙出任管学大臣，多次与张之洞书信、电报往来，商讨学制改革问题。二十九年（1903年）闰五月，张之洞入京，与张百熙、荣庆会商学务，厘定学堂章程。三十年（1904年）一月，三人上《奏定学堂章程》，史称“癸卯学制”。二张同为晚清教育改革中关键性人物，既有合作，亦有分歧。

挽黄绍箕

青蓝教泽留江汉；
生死交情痛纪群。

【注释】

纪群：指陈纪、陈群父子，比喻累世之交。《三国志·魏书·陈群传》：“鲁国孔融，高才倨傲，年在纪、群之间，先与纪友，后与群交，更为纪拜，由是显名。”黄绍箕之父黄体芳与张之洞为同榜进士，同选为庶吉士，同授翰林院编修，同为清流党人，与张佩纶、宝廷并称为“翰林四谏”，关系非同一般。

【解析】

联见张继煦《张文襄公治鄂记》：“（张文襄）公好夜谈，达旦而兴犹未已，僚属体弱者视为苦事。光绪三十三年，黄仲弢先生以提学使来鄂，公侄女夫也。每晚必招之议事，仲弢先生因之致疾不起。公挽之云：‘青蓝教泽留江汉，生死交情痛纪群。’”

黄绍箕（1854—1908年），字仲弢，浙江瑞安人，黄体芳之子。同治十一年（1872年），黄绍箕随父亲入京，拜张之洞为师。光绪六年（1880年）中进士，任翰林院编修。十年（1884年）秋，娶张之洞兄张之渊女。

二十二年（1896年），张之洞创办储才学堂、武备学堂，邀黄绍箕来湖北任教。二十六年（1900年）出任两湖书院监督。三十二年（1906年）补授湖北提学使。张之洞与黄绍箕交往过密，信札往来，并有《仲弢偕令弟叔容手拓三游洞山谷欧公题名》诗。黄绍箕任湖北提学使期间培训教师、兴办新学、编著《中国教育史》，对教育事业孜孜不倦。三十四年（1908年）正月十二日卒于官邸，临终前数日仍手批公文，辞世后湖北学界送殡者数千人，各省纷纷致哀。

挽马忠武公联

战垒汔河西，维粤冯、淮王、湘孙三将军，同支危局；
大星沉潞水，会香山、睢阳、雒社诸耆老，失此英姿。

【注释】

粤冯：冯子材（1818—1903年），广东钦州人（今属广西）。中法战争中清军主将，取得镇南关大捷。

淮王：王孝祺（？—1899年），安徽合肥人。中法战争时协助冯子材取得胜利，曾对李秉衡说：“今无论湘、粤、淮军，宜并受冯公节度。”

湘孙：孙开华（1840—1893年），湖南慈利人。中法战争时，驻守台湾沪尾，大败法国侵略军。

香山：唐代白居易、胡杲、吉旼、郑据、刘真、卢慎、张浑、狄兼谟、卢贞等九人，在洛阳龙门寺聚会，时称“香山九老会”。

睢阳：北宋杜衍、王涣、毕世长、冯平、朱贯等五人，辞官后寓居南京睢阳（今河南省商丘市睢阳区），时常宴集赋诗，时称“睢阳五老会”。

雒社：即洛社。北宋富弼、司马光、文彦博、席汝言、王尚恭、赵丙、刘几、冯行己、楚建中、王慎言、王拱辰、张问、张焘等十三人，退居洛阳期间，效仿白居易“九老会”，置酒赋诗相乐，时称“洛阳耆英会”。

【解析】

联见《古今联语汇选·哀挽》。

马玉昆（1838—1908年），字荆山，安徽亳州人。晚清著名武将，历任山西太原镇总兵、直隶提督等职，庚子之变率武卫左军抵御八国联军，光绪三十四年（1908年）八月病逝，谥“忠武”。

同治十三年（1874年），马玉昆曾与左宗棠征战新疆，抗击沙俄，此后率军驻防西北十余年。

上联写其武功战绩，下联写其德劭年高，皆用拉人作衬的手法。

挽陆敬轩夫人联

故人拱木剧悲凉，今同穴相依，追维南郡书铭，应为手题双石阙；

有子析薪能负荷，观四方来吊，只我江天坐啸，未遑躬奠一生刍。

【注释】

拱木：《左传·僖公三十二年》“尔何知？中寿，尔墓之木拱矣”。两手合围曰拱，墓旁之木称拱木，墓木已拱婉指死去已久。

析薪：《左传·昭公七年》“古人有言曰：‘其父析薪，其子弗克负荷’”。原指父亲劈柴，儿子不能承受担当。后以“以荷析薪”比喻继承父业。

生刍：《后汉书·徐稚传》“郭林宗有母忧，稚往吊之，置生刍一束于庐前而去”。后称吊祭的礼物为生刍。

【解析】

联见黄涵林《古今楹联名作选粹》卷三。

陆敬轩生卒年不详。光绪十二年（1886年）曾寓居京师下斜街可庄宅中。

挽凌仲瓛刺史夫人

橘枳弗能良，剧怜佳妇佳儿，臂肉难充王母药；

蘋蘩谁共采，空使一弦一柱，泪珠愁写玉溪词。

【注释】

橘枳：《晏子春秋·杂下》“婴闻之，橘生淮南则为橘，生于淮北则为枳。叶徒相似，其实味不同。所以然者何？水土异也”。

臂肉：唐代陈藏器《本草拾遗》云“人肉疗羸瘵”，自此间阎相效割股。《旧唐书·王友贞传》：“友贞弱冠时，母病笃。医言唯啖人肉乃差。友贞独念无可求治，乃割股肉以饴亲，母病寻差。”《宋史·王伯威传》：“大母黄，年九十八，不忍之官。黄得血痢疾濒殆，伯威刲左臂肉食之，遂愈。继母杨因姑病笃，惊而成疾，伯威复刲臂肉作粥以进，其疾亦愈。伯威妹嫁崔均，其姑王疾，妹亦刲左臂肉作粥以进，达旦即愈。”二十四孝中有割肉疗亲故事，至明清割股刲臂之事极多。古人囿于医学认识，黯昧愚孝，实不足取。

王母药：《淮南子·览冥》“羿请不死之药于西王母，嫦娥窃以奔月”。

蘋蘩：蘋和蘩是两种可供食用的水草，古代常用于祭祀。《诗经·召南》有《采蘋》《采蘩》诸篇。

一弦一柱：李商隐号玉溪生，有《锦瑟》诗“锦瑟无端五十弦，一弦一柱思华年”。

【解析】

联见金武祥《粟香五笔》卷一“夫妇刲臂疗母”：“余寓居全皖会馆，主凌仲瓛刺史，时仲瓛方悼亡。其子竺臣，当母病时，偕妇刲臂肉和药以进，故张孝达督部挽联云：‘橘枳弗能良，剧怜佳妇佳儿，臂肉难充王母药；蘋蘩谁共采，空使一弦一柱，泪珠愁写玉溪词。’”胡君复《古今联语汇选·哀挽》亦录之。雷瑨《楹联新语》：“凌仲瓛刺史之妇某氏以贤达著闻，既而患沉疴，其子竺臣百方医祷无效，乃偕妇刲臂肉和药以进，疾卒不起。”

凌仲瓛，名兆熊，安徽定远县人。光绪间任湖北蕲州知州。

挽张之京联

荒径已无花，生平陶令高风，恨少五男随杖履；

春池犹咏草，此后谢公清梦，喜添一弟助吟哦。

【注释】

荒径：陶渊明《归去来兮辞》“三径就荒，松菊犹存”。

春池犹咏草：《南史·谢方明传》“（谢方明）子惠连，年十岁能属文，族兄灵运嘉赏之，云：‘每有篇章，对惠连辄得佳语。’尝于永嘉西堂思诗，竟日不就，忽梦见惠连，即得‘池塘生春草’，大以为工。常云：‘此语有神功，非吾语也。’”

【解析】

联见倪星垣《联语粹编》卷三：“南皮张文达公之弟菊垞先生之卒也，其宗弟文襄公之洞挽一联云。先生最爱菊，故以菊为号，又无子，以文达公次子兰浦为嗣，时文达公尚在也。”

张之京，字菊垞，张之洞族兄，张之万胞弟。生卒年不详，道光十九年（1839年）举人，任景山官学教习，湖北候补知府。

诗 钟

诗钟乃高级文字游戏。约兴起于道光年间，流行于福建。始称“嵌字偶句”“分曹偶句”“改诗”“百衲琴”等。游戏规则为拈题作七言联，构思之际，以丝线悬制钱于铜盘上方，线系一寸之香，以为限时。香烧线断，铜钱落盘，“噹”的一声，因响亮似钟声，故而得名。

张之洞为同光体重要诗人，学识渊博，雅好诗钟。易顺鼎《诗钟说梦》：“南皮师为海内龙门，怜才爱士，过于毕沅。幕府人才极盛，而四方人才辐辏。余与伯严追逐其间，文酒流连，殆无虚日。其与诗钟之会者，幕府则杨叔峤、屠竟山、华若溪、杨范甫、宋芸子、汪穰卿、范仲林、秋门兄弟辈；过客则文芸阁、曾仲伯、缪小山、王子裳诸君；而闽派如郑肖彭、沈爱苍，亦同会集，洵一时之盛已。”《清稗类钞》：“张文襄好作诗钟，督鄂时，辄于政暇召集僚友作诗钟，往往限以难字……一日，传某某入署为诗钟。一被传者，妇病方殆，不敢辞，勉具衣冠而往。文襄不衫不履，剧谈久之，始出题，乃皆构思。某哀急万分，知其妇于此数分时，必已不起。瞥见其仆在窗外探望，若有言而不敢入者，心益痛，不觉涕泗交流。文襄见之，大笑曰：‘做不出，亦常事，何哭为？’某起立，言实妇病垂危，痛极而流此急泪耳。文襄云：‘何不早言！’即挥之出。”当日情形，可略见一斑。

文、枣 蜂腰格

白首好文臣齿老；

赤心如枣主恩深。

【注释】

白首好文：伪托班固所撰《汉武故事》“上至郎署，见一老郎，鬓眉皓白，问：‘何时为郎？何其老也？’对曰：‘臣姓颜，名驷，以文帝时为郎。文帝好文而臣好武，景帝好老而臣尚少，陛下好少而臣已老，是以三叶不遇也。’上感其言，擢为会稽都尉”。

赤心如枣：《南史·萧琛传》“帝每朝宴，接琛以旧恩……又经预御筵醉伏，上以枣投琛，琛乃取栗掷上，正中面。御史中丞在坐，帝动色曰：‘此中有人，不得如此，岂有说邪？’琛即答曰：‘陛下投臣以赤心，臣敢不报以战栗。’上笑悦”。前秦赵整《琴歌》：“北园有枣树，布叶垂重阴。外虽多棘刺，内实有赤心。”

【解析】

钟见易顺鼎《诗钟说梦》：“南皮师综九流之长，一时贤俊皆从之游。即以游戏余事论，每用一典，必诵其原文；每咏一人，必举其始末。王事勤劳，日无暇晷，夜中又常不寐，或忧劳过甚，则用文字陶写。恒置食数簋，召余与叔峤侍座夜读。闻余辈作诗钟，因亦即席拟作，不置纸笔，每成一联，每自诵之。以是每次所作，皆无片稿。余每留意欲私记师作，而题既太多，时又甚促，仅记数联，特录之于右，以存碎金。”以下至分咏“眼镜、鹦鹉洲”皆出于此则。

诗钟定型之后，皆为七言。嵌字、分咏为最常见，其他如笼纱、晦明、合咏、专咏等格，因不涉及，姑勿论。嵌字以所嵌字数、位置不同又别为若干格，若此钟嵌二字，则依所嵌位置从第一字至第七字分别称为凤顶、燕颔、鸢肩、蜂腰、鹤膝、凫胫、雁足。此首嵌字之外，犹能游刃有余，契合张之洞大臣身份。

有、麻 雁足格

春水桃源天别有；

秋风茅屋雨如麻。

【注释】

春水桃源天别有：李白《山中问答》“桃花流水窅然去，别有天地非人间”。

秋风茅屋雨如麻：杜甫《茅屋为秋风所破歌》“床头屋漏无干处，雨脚如麻未断绝”。

【解析】

此首“有、麻”词性不同，属对为难，而作者巧妙化用李杜诗句，大力捏合，毫无龃龉。

凉棚、申报 分咏格

阴阳舒卷长绳里；

欧亚纵横乱纸中。

【解析】

此首为分咏格，即将两个绝不相干之事物分而咏之，要求摹写传神，对仗精巧。

凉棚，夏季用以蔽日取荫之简易设备，特点为植木为柱，披布为棚，以绳系之。布卷则阳入，布舒则阴生。五代王仁裕《开元天宝遗事·结棚避暑》：“长安富家子刘逸、李闲、卫旷……每至暑伏中，各于林亭内植画柱，以锦绮结为凉棚。设坐具，召长安名妓间坐，递相延请，为避暑之会。”

《申报》由英国商人美查等在上海创办，因上海别称“申”，故名。1872年4月30日创刊，1949年5月停刊。内容兼及世界各国大事。

眼镜、鹦鹉洲 分咏格

眩海老花障云雾；

隔江芳草对烟波。

【注释】

眩海老花：道家、医家称人眼为银海。苏轼《雪后书北台壁》："冻合玉楼寒起粟，光摇银海眩生花。"

芳草对烟波：崔颢《黄鹤楼》"晴川历历汉阳树，芳草萋萋鹦鹉洲。日暮乡关何处是？烟波江上使人愁"。

【解析】

此首参见龟山晴川阁联注。

出句"仄仄仄平仄平仄"为拗句。

"海、江""花、草"借对得妙。

射、房 凤顶格

射虎斩蛟三害去；

房谋杜断两心同。

【注释】

射虎斩蛟：西晋周处少时横行乡里，父老将其与蛟、虎合称"三害"，后斩蛟射虎，发愤改过，官至东观左丞。事见《晋书·周处传》。

房谋杜断：唐太宗时，名相房玄龄多谋，杜如晦善断，两人同心济谋，传为美谈。事见《旧唐书·房玄龄杜如晦传》。

【解析】

钟见易顺鼎《诗钟说梦》："余见今年沪上报纸及坊刻小说，载张文襄诗钟'射、房'一联云'本文襄作也，乃妄指为蔡伯浩作'。'射、房'一联，句首四字各自为对，成句太易，诗钟本不尚此体，然出自文襄手笔，则恰合身份，若出自伯浩，何足道耶？"文中所言蔡伯浩，名乃煌，广东番禺人，光绪十七年（1891年）举人，善诗文，尤擅诗钟，深受张之洞赏识。诗钟见于赵炳麟《柏岩感旧诗话》，题目、上比略异："当孝钦时，张文襄、袁世凯同在政府。孝钦将用岑春煊，张、袁大忌，谋诸蔡乃煌。用春煊及梁启超相片，合摄一照，进之孝钦，谓春煊引启超回国。孝钦大惧恨，春煊遂不得起用。一日，南皮相国作诗钟，以'蛟、断'属题，乃煌为句云：'驱虎斩蛟三害去，房谋杜断两心同。'盖春煊行三，隐指张、袁同心，以去岑三也。张大喜，未几，以蔡乃煌为上海道……春煊后为粤执政，必杀蔡乃煌者，此亦一因也。”此钟作者又有记为梁鼎芬者，如徐珂《清稗类钞》：“文襄入枢垣，结习未除，尝限‘蛟、断’二字分嵌一联。梁节庵作云：‘射虎斩蛟三害去，房谋杜断两心同。’文襄大悦。”钟题与《柏岩感旧诗话》同。另据刘成禺《世载堂杂忆》所记，此钟亦为张之洞所撰，唯题目与上比略异，全文如下：“之洞入枢府，暇日课诗钟，限‘蛟、断’二字。张作‘刺虎斩蛟三害尽，房谋杜断两心同’。颇有表示新党已歼，与袁世凯共主政局之意。值予友高友唐由汉归京，友唐居张之洞幕十余年矣，张问外间对余有何议论？高曰：‘人皆谓岑西林不学无术，袁项城不学有术，老师则有学无术。’之洞笑曰：‘项城不但有术，且多术矣；予则不但无术，且不能自谓有学。’高曰：‘老成谋国，必有胜算，本从学问中来。房谋杜断，当以老师为归。’之洞莞然。”按，易顺鼎为张之洞幕僚，雅聚敲钟辄躬逢其盛，其说似较徐珂、赵炳麟亲切可信。

衔、禹　一唱·其一

衔石精诚吟处士；
禹金善对赖王孙。

【注释】

衔石：陶潜《读山海经》“精卫衔微木，将以填沧海”。

禹金：为鼎的代称。传说夏禹曾收九牧之金铸九鼎于荆山之下，以象征九州。

王孙：指王孙满，用楚庄王问鼎之典，事见《左传·宣公三年》“楚子伐陆浑之戎，遂至于雒，观兵于周疆。定王使王孙满劳楚子。楚子问鼎之大小轻重焉。对曰：‘在德不在鼎。昔夏之方有德也，远方图物，贡金九牧，铸鼎象物，百物而为之备，使民知神、奸。故民入川泽、山林，不逢不若。螭魅罔两，莫能逢之。用能协于上下，以承天休。桀有昏德，鼎迁于商，载祀六百。商纣暴虐，鼎迁于周。德之休明，虽小，重也。其奸回昏乱，虽大，轻也。天祚明德，有所厎止。成王定鼎于郏鄏，卜世三十，卜年七百，天所命也。周德虽衰，天命未改。鼎之轻重，未可问也’”。

【解析】

钟见《诗钟说梦》：“戊申中秋，余在海淀六郎庄张文襄师宅。师留看月对酌。侍坐者惟王司直一人。食上赏虾、蟹、白菜、苹果、梨、枣、葡萄、石榴。余赋诗一章以纪之。是夕与师拈题作诗钟七次。师作诗钟向不写出，但口述而已。他人作亦然。余退而忆录之，仅得十之五六矣。曾刊入《戊申日记》中，分遗友人。今相距六年，所刻日记不存一本。忽从箧中检得残稿数纸，则是夕所作在焉，然又未注谁为师作，谁为余作。约略追忆，真与忆梦相同，不胜怃然。”自此以下至“匠、三 七唱”，皆出此则。

衔、禹 一唱·其二

衔来冠雀征杨震；
禹赐肥牛傅汉成。

【注释】

衔来冠雀征杨震：东汉杨震居湖城数十年不仕，后有冠雀衔来三条鳣鱼，飞栖于讲堂前，预示他将位登三公。事见《后汉书·杨震传》：“后有冠雀衔三鳣鱼，飞集讲堂前，都讲取鱼进曰：‘蛇鳣者，卿大夫服之象也。数三者，法三台也。先生自此升矣。’”

禹赐肥牛傅汉成：西汉张禹为汉成帝师傅，年老为自己选择墓地，汉成帝便将平陵肥牛亭赐给他。事见《汉书·张禹传》：“禹年老，自治冢茔，起祠室，好平陵肥牛亭部处地，又近延陵，奏请求之，上以赐禹，诏令平陵徙亭它所。”

脉、翅 二唱·其一

龙脉须研景纯学；
鸡翅重注史游书。

【注释】

龙脉：堪舆术语，指山脉起伏如龙形。晋郭璞字景纯，擅堪舆风水之术，著有《葬经》。

鸡翘：碧绿色。西汉史游《急就篇》卷二："春草鸡翘凫翁濯。"

【解析】

出句亦为拗句。

此首又见于赵熙《香宋杂记》，谓其"大抵文襄文字，愈小者愈有内心，试帖、诗钟皆然"。

脉、翘 二唱·其二

当脉动时陈已乱；
具翘关力孔无闻。

【注释】

脉动：词意不详，或指谷雨土膏脉动。

陈已乱：《左传·桓公五年》："五年春正月，甲戌，己丑，陈侯鲍卒，再赴也。于是陈乱，文公子佗杀大子免而代之。"

翘关：扛举起沉重的门关。语出左思《吴都赋》："翘关扛鼎，拚射壶博。"后用作武举考试科目名。刘知几《史通·外篇》："昔孔子力可翘关，不以力称。"翘关一作孔子之父叔梁纥事，见《左传·襄公十年》："晋荀偃、士匄请伐逼阳……逼阳人启门，诸侯之士门焉。县门发，郰人纥抉之以出门者。"

脉、翘 二唱·其三

土脉新滋宜雨后；
云翘妙舞出花前。

【注释】

土脉：泛指土壤，春天土壤开冻松化，生气勃发，如人身脉动，故名。韦应物《新理西斋》：“春阳土脉起，膏泽发生初。”

云翘：乐舞名，也借指美女。晏殊《立春日词》：“朱户未闻迎彩燕，东郊先报舞云翘。”

献、儿 三唱·其一

议礼献夫空附桂；
纳降儿子不如孙。

【注释】

议礼献夫空附桂：明武英殿大学士方献夫于嘉靖初年“大礼议”时，迎合首辅桂萼，奏请将嘉靖母亲灵位移入太庙，事见《明史·方献夫传》。

纳降儿子不如孙：刘备之子刘禅于景耀六年（263年）向魏将邓艾投降，受封为安乐公，其子刘谌，即刘备之孙，劝阻无效后，自杀于昭烈庙，蜀汉灭亡。孙或指孙权，曹操尝叹“生子当如孙仲谋，刘景升儿子，若豚犬耳”。建安十二年（207年），曹操伐荆州，刘表（字景升）次子刘琮举州投降。以上俱见《三国志》。

献、儿 三唱·其二

宋臣献可因医谏；
汉代儿宽以易名。

【注释】

宋臣献可因医谏：北宋谏官吕诲，字献可，忠直机敏。宋英宗忧劳成疾，他建议大臣每日以探望之名汇报国是，解除英宗忧虑。事见《宋史·吕诲传》：“英宗不豫，诲请皇太后日命大臣一员，与淮阳王视进药饵，都知任守忠，用事久，帝之立非守忠意，数间谍东朝，播为恶言，内外汹惧。诲上两宫书，开陈大义，词旨深切，多人所难言也。帝疾小愈。”

汉代儿宽以易名：西汉倪宽精通《尚书》，未闻其通《周易》。明代倪元璐有《儿易外仪》《儿易内仪以》，蒋雯阶序言曰："公作《儿易》，儿者，姓也。"因《汉书·倪宽传》中"儿""倪"通用，蒋遂附会为倪宽之《易》，实则倪元璐《自序》中明言"儿"为"孩始"之意。盖张之洞敲钟之际，风檐寸晷，未曾深究，赵熙"原文始末何出"之疑，不无道理。

【解析】

此首又见于赵熙《香宋杂记》，"汉代"一作"汉学"。后评云："易实甫称文襄不置纸笔，成句但口诵之。每用一典，必诵其原文，举其始末。此独以《易》属儿宽，原文始末何出耶？"

此钟所嵌"献、儿"二字，词性不一，张之洞巧用古人姓名，统一"名、动"。至于一用名、一用姓，甚至"医、以、易"撞韵太多之病，乃日后理论成熟，渐成禁忌，当日未必如此苛严。

献、儿 三唱·其三

尝新献麦征妖梦；
止血儿茶有异方。

【注释】

尝新献麦征妖梦：晋景公做梦惊醒，召巫师卜梦，巫师言："公不得及食新麦。"事见《左传·成公十年》："晋侯梦大厉，被发及地，搏膺而踊，曰：'杀余孙，不义。余得请于帝矣！'坏大门及寝门而入。公惧，入于室。又坏户。公觉，召桑田巫。巫言如梦。公曰：'何如？'曰：'不食新矣。'"

儿茶：中药名，具有止血功效，常用于跌扑伤痛、外伤出血、吐血衄血等症。《本草纲目》："清上膈热，化痰生津。涂金疮、一切诸疮，生肌定痛，止血收湿，一名儿茶。"

斤、武 四唱·其一

垩上运斤防捐鼻；

室中接武戒横肱。

【注释】

垩上运斤防捐鼻：垩为白色黏土，斤为斧头。《庄子·徐无鬼》："郢人垩慢（同'漫'）其鼻端，若蝇翼，使匠石斫之。匠石运斤成风，听而斫之，尽垩而鼻不伤，郢人立不失容。"

室中接武戒横肱：接武指步履相接，横肱指胳膊横在桌案之上。《礼记·曲礼上》："帷薄之外不趋，堂上不趋，执玉不趋，堂上接武，堂下布武。室中不翔，并坐不横肱。"

斤、武 四唱·其二

书重一斤词演象；

谋诛诸武梦惊鹦。

【注释】

书重一斤词演象：书指《周易》。东汉魏伯阳《周易参同契》卷上："二八应一斤，易道正不倾。铢有三百八十四，亦应卦爻之数。""十黍为累，十累为铢，八铢为锱，二十四铢为两，十六两为一斤，一斤凡三百八十四铢。或问程子曰：'易重几何？'程子曰：'易重一斤。'盖言易有三百八十四爻也。"此处卦象之"象"借为动物与下比"鹦"相对。

谋诛诸武梦惊鹦：狄仁杰尝为武则天解梦。事见《资治通鉴·唐纪》："它日，又谓仁杰曰：'朕梦大鹦鹉两翼皆折，何也？'对曰：'武者，陛下之姓，两翼，二子也。陛下起二子，则两翼振矣。'"

斤、武 四唱·其三

椎重朱斤能救赵；

鼎分黄武已称吴。

【注释】

椎重朱斤能救赵：朱亥勇武过人，曾椎杀晋鄙，在退秦救赵战役中立下汗马功劳。事见《史记·魏公子列传》：“朱亥袖四十斤铁椎，椎杀晋鄙，公子遂将晋鄙军。”

鼎分黄武已称吴：黄武为三国时吴大帝孙权年号，亦东吴政权第一个年号。事见《三国志·吴书》。

宗、翠 五唱·其一

小谢尚司宗衮烈；
李斯曾赞翠旗先。

【注释】

小谢尚司宗衮烈：谢朓为南朝山水诗人，世称“小谢”，与“大谢”谢灵运同族。其诗《和王著作融八公山》：“阽危赖宗衮，微管寄明牧。”宗衮是对同族居高位者之称，此指谢安。

李斯曾赞翠旗先：李斯《谏逐客令》“建翠凤之旗，树灵鼍之鼓”。

宗、翠 五唱·其二

西方佛衍宗三派；
南越王贻翠一双。

【注释】

西方佛衍宗三派：三派确指不详，盖指汉传、南传、藏传三种传播路线。此句又作“西方佛衍宗三乘”，三乘即声闻乘、缘觉乘、菩萨乘，又名小乘、中乘、大乘。

南越王贻翠一双：贻翠不详，《汉书·南粤王传》中有赵佗向汉使臣陆贾献“白璧一双、翠鸟千、犀角十、紫贝五百、桂蠹一器、生翠四十双、孔雀二双”之事。

【解析】

此首又见于赵熙《香宋杂记》："此唱张文襄多精句，如'西方佛衍宗三乘，南越王贻翠一双''教忠贵有烹阿勇，除恶当如去草严'，身份卓然。大抵文襄文字愈小者，愈有内心，试帖、诗钟皆然。"按，第二首为"阿、草 六唱"，见下。

阿、草 六唱

教忠贵有烹阿勇；
除恶当如去草严。

【注释】

烹阿：齐威王为惩治蠹吏，曾将山东阿城大夫烹杀。事见《资治通鉴·周纪一》："齐威王召阿大夫，语之曰：'自子守阿，誉言日至。吾使人视阿，田野不辟，人民贫馁。昔日赵攻鄄，子不救；卫取薛陵，子不知，是子厚币事吾左右以求誉也！'是日，烹阿大夫，及左右尝誉者。于是群臣耸惧，莫敢饰非，务尽其情。齐国大治。"

除恶当如去草严：宋齐丘《陪游凤凰台献诗》"养花如养贤，去草如去恶"。

匠、三 七唱·其一

效忠明代留锅匠；
纳谏唐宗得谏三。

【注释】

效忠明代留锅匠：明代燕王朱棣反，兵临南京之际，有补锅匠随建文皇帝及大臣一起逃亡。事见《明史·牛景先传》："燕兵之入，一夕朝臣缒城去者四十余人，其姓名爵里，莫可得而考，然世相传，有程济及河西佣、补锅匠之属。"

纳谏唐宗得谏三：唐太宗以隋炀帝拒谏亡国为戒，即位后尽力求言，扩大谏官权力，魏徵廷谏二百余次，王珪、马周、孙伏伽、褚遂良等皆以极谏知名。事见《旧唐书》《新唐书》《资治通鉴》等，吴兢《贞观政要》中还有皇后进谏故事。“三”乃多次之意。此钟下比重一“谏”字，“谏三”之“谏”疑为“鉴”，正与“锅”对。《新唐书·魏徵传》：“以铜为鉴，可正衣冠；以古为鉴，可知兴替；以人为鉴，可明得失。”

匠、三 七唱·其二

元祐党碑争石匠；
砀山盗国骂朱三。

【注释】

元祐党碑争石匠：宋徽宗崇宁年，蔡京拜相后，为打击政敌，将司马光等人之所谓“罪行”刻碑为记，称元祐党人碑。长安石匠常安国拒绝刻碑，迫不得已，最后力争不署自己之名。事见邵伯温《邵氏闻见前录》：“长安百姓常安民，以镌字为业，多收隋唐铭志墨本，亦能篆。教其子以儒学……崇宁初，蔡京、蔡卞为元祐奸党籍，上皇亲书，刻石立于文德殿门。又立于天下州治厅事。长安当立，召安民刊字，民辞曰：‘民愚人，不知朝廷立碑之意。但元祐大臣如司马相公者，天下称其正直，今谓之奸邪，民不忍镌也。’府官怒，欲罪之。民曰：‘被役不敢辞，乞不刻安民镌字于碑，恐后世并以为罪也。’呜呼！安民者，一工匠耳，尚知邪正，畏过恶，贤于士大夫远矣。故余以表出之。”据《宋史·常安民传》记载，常安民为熙宁六年（1073年）进士，官至监察御史，非平民石匠也。

砀山盗国骂朱三：梁太祖朱温，宋州砀山人，排行第三，又称朱三。先是随黄巢起义，后投降唐朝，官至节度使。唐天祐四年（907年），他逼迫昭宣帝退位，自己称帝，建国号为梁，史称后梁。《诗钟说梦》原文“朱三”误作“宋三”，盖形近而误，今据《旧五代史》径改。

豆、疑 二唱

红豆笺诗甘北面；
不疑经学出南皮。

【注释】

红豆笺诗：惠周惕，字元龙，常州人，号红豆主人，清初著名学者。著有《诗说》三卷。其子惠士奇人称红豆先生，孙惠栋称小红豆先生，三代研经，享誉吴中。

不疑经学出南皮：西汉京兆尹隽不疑，沧州南皮人，精通《春秋》经学。《汉书》：“隽不疑学以从政，临事不惑，遂立名迹，终始可述”；“治《春秋》，为郡文学，进退必以礼，名闻州郡”。

【解析】

钟见《香宋杂记》“至豆、疑 二唱：‘红豆笺诗甘北面，不疑经学出南皮。’李姚琴尤艳称之……至‘红豆’‘北面’，殆以惠笺王诗，理为降格，而惠笺实多错误，是文襄亦但骛其名耳。名实之际甚难”。

林黛玉、刀 分咏格

妃子葬花双眼泪；
丈夫结果一头颅。

【注释】

林黛玉：自号潇湘妃子，《红楼梦》第二十七回《葬花吟》有“独倚花锄泪暗洒，洒上空枝见血痕”诗句。

结果：谓杀死。元李文蔚《燕青博鱼》第四折：“我们且结果了那个绑的去，与你拔了这眼中的钉子哩。”此处与“葬花”形成借对。

头颅：典出隋炀帝。《资治通鉴》卷一百八十五：“（帝）又尝引镜自照，顾谓萧后曰：‘好头颈，谁当斫之？’后惊问故，帝笑曰：‘贵贱苦乐，更迭为之，亦复何伤！’”

【解析】

钟见于沈中路《诗钟话》：“张南皮开府两湖时，莲幕中名流若梁鼎芬、易顺鼎、郑孝胥，皆南皮抱冰堂门生。政务余闲，师若弟流连诗酒，萧斋清谈，一时传为佳话。南皮好打诗钟，若‘林黛玉’与‘刀’云：‘妃子葬花双眼泪，丈夫结果一头颅。’‘曹操’与‘蟹’云：‘天下英雄惟我尔，尊前风味有团尖。’皆隽永有味。”

曹操、蟹 分咏格

天下英雄惟我尔；
尊前风味有团尖。

【注释】

天下英雄惟我尔：《三国志·蜀书·先主传》“先主未出时，献帝舅车骑将军董承辞受帝衣带中密诏，当诛曹公。先主未发。是时曹公从容谓先主曰：今天下英雄，唯使君与操耳。本初之徒，不足数也”。

团尖：雌蟹腹甲形圆，称团脐。雄蟹腹甲形尖，称尖脐。唐代唐彦谦《蟹》诗：“漫夸丰味过蝤蛑，尖脐犹胜团脐好。”

烧、鸭 一唱·其一

烧仍不尽香山饱；
鸭岂能言鲁望谐。

【注释】

香山：白居易号香山居士。张固《幽闲鼓吹》：“白尚书应举。初至京，以诗谒顾（况）著作，顾睹姓名，熟视白公曰：‘米价方贵，居亦弗易。’乃披卷首篇曰：‘咸阳原上草，一岁一枯荣。野火烧不尽，春风吹又生。’即嗟赏曰：‘道得个语，居即易矣。’因为之延誉，声名大振。”

鲁望：陆龟蒙字鲁望，唐代著名文学家。陶宗仪《说郛》：“陆龟蒙才名播海内，居吴中，然性浮薄。时有内官经长洲，于水滨见一花鸭，弹之而毙。守者告之，乃乘小舟，修章表，告内官曰：‘某养此鸭，能人言，方欲上进，君何杀之？’乃将表示之。内官惊而且惭，酬之银盎。临行询之，竟解何言语。陆曰：‘教来数载，能自呼名尔！’”

【解析】

钟见于黄濬《花随人圣庵摭忆》卷七十二“张南皮《手札丛稿》”条：“南皮《手札丛稿》一帙，纕蘅所藏者……第五页是两联诗钟，烧鸭嵌第一字，诗云：‘烧仍不尽香山饱，鸭岂能言鲁望谐。’又云：‘烧指群迷韩愈表，鸭头残字右军书。’下自注：右军有《鸭头丸帖》。此两联亦寻常，首联差胜。”

烧、鸭 一唱·其二

烧指群迷韩愈表；
鸭头残字右军书。

【注释】

烧指：信佛者以身供养于佛，自烧其指，以示虔诚。韩愈《论佛骨表》：“（百姓）焚顶烧指，百十为群，解衣散钱，自朝至暮，转相仿效，惟恐后时。”

右军：东晋书法家王羲之曾任右军将军，故又称王右军。其《鸭头丸帖》两行十五字：“鸭头丸，故不佳。明当必集，当与君相见。”今有唐代摹本。

【解析】

烧、鸭 一唱，黄濬认为“首联差胜”，亦一家言尔。窃以为首联“烧仍不尽香山饱，鸭岂能言鲁望谐”题字未能组词，有字无眼，是为悬眼，诗钟不甚倡此法。而此联眼字“烧指、鸭头”，辅字“指、头”皆为人体器官，小类工对，似较首联尤佳。

外篇

【138副】

筆下江山轉蔥蒨

堂前水竹湛清華

孝達張之洞

辨 误

中解元自贺

上巳之前，犹是夫人自称曰；

中秋而后，居然君子不以言。

【解析】

联见刘大白《白屋联话》：“张之洞十五岁中解元。受贺的一天，大宴宾客。他自己做了一副对子，挂在堂上：‘上巳之前，犹是夫人自称曰；中秋而后，居然君子不以言。’此联用《论语》‘夫人自称曰小童’和‘君子不以言举人’作歇后语。因为他于是年三月间才进秀才，到九月间已中解元，所以这样巧妙地运用《论语》。”

据各种版本张文襄公年谱所载，张之洞于道光三十年（1850年）十四岁时入县学，咸丰二年（1852年）十六岁时应直隶顺天府乡试，中式第一名举人，即联题所谓“中解元”。刘大白与张之洞素无交游，其说与事实不符。且梁章钜《巧对补录》：“江南某年五月童试，题系‘夫人自称曰小童’，有某生初入泮；是秋乡试，题系‘君子不以言举人’，某生遂连捷。有客戏撰联语赠之云：‘端午之前，犹是夫人自称曰；重阳而后，居然君子不以言。’出语歇后为小童，对语歇后为举人，可谓巧凑。”文中巧对与此联大同小异，《巧对补录》成书于道光二十六年（1846年），张之洞时年十岁，尚为私塾童蒙，可知此联非张之洞所作。

书室联

未忘麈尾清谈兴；

常读蝇头细字书。

【解析】

联见况周颐《眉庐丛话》："张文襄于俪体文、近体诗极喜对仗工巧，曩余购得文襄手书楹联，句云：'未忘麈尾清谈兴，常读蝇头细字书。'即此可见一斑。"《古今联语汇选》《古今楹联名作选粹》称之为"手书楹联"，《对联话》称其为"自题书室联"。

全联摘自陆游《南堂杂兴》："耄齿东归息故庐，聊持顽健托乡闾。未忘麈尾清谈兴，常读蝇头细字书。贫甚尚能耕有犊，步轻那叹出无驴？南堂又见秋风起，卧看溪云自卷舒。"此为张之洞书写陆游成句，应入"书写"，因古今联书多所收录，姑入"辨误"，以免重纰踵谬。

广州广雅书院清佳堂联

故作轩窗挹苍翠；

要将弦诵答潺湲。

【解析】

联见《古今联语汇选·学校》，谓"院内清佳堂门口，张文襄用朱子白鹿洞诗为联云：'故作轩窗挹苍翠，要将弦诵答潺湲。'堂额跋云：'清泉泽物，佳木垂阴。'明道程子语。张之洞名堂名，命属吏李岳云书。"

文中所谓"白鹿洞诗"即朱熹《次韵四十叔父白鹿之作》诗："诛茅结屋想前贤，千载遗踪尚宛然。故作轩窗挹苍翠，要将弦诵答潺湲。诸郎有志须精学，老子无能但欲眠。多少个中名教乐，莫谈空谛莫求仙。"此联既非张之洞集句，更非张之洞所书，而后来联书不加深考，多为滥入，殊可怪也。

广州越秀山镇海楼

万千劫危楼尚存，问谁摘斗摩天，目空古今；

五百年故侯安在，只我倚栏看剑，泪洒英雄。

【解析】

镇海楼又名望海楼，位于广州越秀山小蟠龙岗。

联见《张之洞全集》。然此作者众说纷纭，莫衷一是。《古今联语汇选》《对联话》《南亭联话》皆不言作者，陈方镛《楹联新话》归之李棣华，云："粤垣镇海楼建于粤秀山之巅，结构雄伟，俯瞰全城，足以游目放怀。旧有榜帖，为北平李棣华君所撰……可谓悲壮苍凉，一字不苟。惜其联今已无存，登临者鲜知之矣。"广东民初画家陈叔垣《镇海楼名联话旧》一文，言其少时随父登楼，曾亲见此联悬于三楼，下款署为"宫保雪琴彭玉麟"，广东民初教育家罗功武《粤故求野记·文物·楹联》持论略同。笔者按，此联才气毕露，辞藻飞扬，确与张之洞雅切工稳之风格有异，而李棣华本彭玉麟幕僚，即捉刀代笔，或李撰彭书，皆有可能。

湖北筹防局联

财力雄富；

士马精妍。

【解析】

联见《眉庐丛话》，《古今联语汇选·廨宇》亦录之，《张之洞全集》题为"武备学堂联"。

全联摘自鲍照《芜城赋》："孳货盐田，铲利铜山；才力雄富，士马精妍。""才"通"财"，虽有一字之别，然无再造之功。汪国垣《光宣诗坛点将录》尝以此八字评定张之洞诗文。

北京锡拉胡同寓居联

朝廷有道青春好；

门馆无私白日闲。

【解析】

锡拉胡同位于北京东城区王府井大街，长三百多米。因明代有锡灯、蜡台作坊而名锡蜡胡同，清宣统时称锡拉胡同。

联见李伯元《南亭联话》，谓“南皮相国在京寓锡拉胡同，与项城私第仅一墙隔。自书门联曰：‘朝廷有道青春好，门馆无私白日闲。’曰有道、曰无私，可谓寓讽于微，书竟大笑，意甚自得。翌晨退值归，见联旁缀细字若蝇蚋，惨淡类铅笔书，其语为：‘优游武汉青春贱，冠盖京华白眼多。’南皮大恚，亟去联火之。”雷瑨编《楹联新话》节录，删去后半部分讽刺张之洞内容。

项城即袁世凯。光绪三十三年（1907年），七十一岁的张之洞补授军机大臣，八月入京，一度寓居锡拉胡同。

全联摘自薛能《献仆射相公》：“清如冰雪重如山，百辟严趋礼绝攀。强虏外闻应丧胆，平人相见尽开颜。朝廷有道青春好，门馆无私白日闲。致却垂衣更何事，几多诗句咏关关。”

无情对三副

树已半枯休纵斧；
果然一点不相干。

欲解牢愁惟纵酒；
兴观群怨不如诗。

陶然亭；
张之洞。

【解析】

无情对，又名羊角对，相传为张之洞所创。出句与对句各自成章，密集运用借对手法，通过转意别解，使其对仗。其特征为字面对仗极为工整，内容则风马牛不相及，精心调和字律对称与词句不对称之矛盾，以达到和谐统一、奇谲难料的谐趣效果。

联见徐珂《清稗类钞》："张文襄早岁登第，名满都门，诗酒宴会无虚日。一日，在陶然亭会饮，张创为无情对，对语甚夥，工力悉敌。如'树已半枯休纵斧'，张对以'果然一点不相干'，李尊客侍御慈铭对以'萧何三策定安剑'。又如'欲解牢愁惟纵酒'，张对以'兴观群怨不如诗'。此联尤工，因'解'与'观'皆为卦名，'愁'与'怨'皆从心部，最妙者则'牢'字之下半为'牛'，而'群"字之下半为'羊'，更觉想入非非。最后，张以'陶然亭'三字命作无情对，李芍农侍郎文田曰：'若要无情，非阁下之姓名莫属矣。'众大笑，盖'张之洞'也。"又见于刘大白《白屋联话》："无情对是出语和对语，字面个个相对，意义也各自贯串；而合看起来，完全并不相对。相传这是清代末年直隶南皮人张之洞所倡。有一次，他和一班名流会饮于陶然亭，他以无情对为酒令，当时对得好的颇多。其中如'树已半寻休纵斧'，他对的是'果然一点不相干'……又如'欲解牢愁惟有酒'，张氏对的是'兴观群怨不离诗'。此联中字面固然个个相对，而且'解'和'观'都是卦名，'牢'从牛而'群'从羊，'愁'和'怨'都从心，所以更觉工妙。后来张氏把即景的"陶然亭"三字作出语，教人家作无情对。顺德人李文田道：'若要无情，除非阁下底（的）姓名。'大家都以为很工。"

第一联早见于梁恭辰《巧对续录》："巧对有两边语气不相投，而字面配对匀称者，玩之亦属可喜。如'拳石淡描黄子久'对'胆瓶斜插白丁香'。又'树到千寻难纵斧'对'果然一点不相干'。"吴恭亨《对联话》："又有流水对格者，仅对字面而一不顾命意，如'木已半枯休纵斧，果然一点不相干'，即'木'实字对'果'虚字，'斧'实字又对'干'虚字也。顾虽巧绝，而五雀六燕，轻重则失平衡矣。又：'春眠未觉花心动，夏礼能言杞足征。'亦然，然究不可为训。"《南亭联话》："某翁，粤人也，豪于资，年七十矣，尚购贫家女为妾。女方少盛，其子引为大戚，又不敢谏阻，乃自拟一联曰：'木已半残休纵斧。'榜示国门，有能属对者百金为寿，冀令父见之，而瞿然憬悟耳。翌晨，有投书缴卷者，狂草类龙蛇，审视，知为父书。再阅所属，则'果然一点不相干'七字也。乃具百金，命人转馈其父，且致语云：'老父果有此能耐，儿辈过虑矣。'按'木已''果然'天然配合。又'干戈'之'干'亦兵类。

此联骤视之似不甚工，实则无一字不工，且针锋逼对，俨然一询一答，洵妙手偶得者也。”皆未言作者。

第三联又传为端方所对，见民国佚名《小奢摩馆脞录》：“又京师相传，端方善诙谐。一日与张香涛同游陶然亭，张以‘陶然亭’命对，端应声曰：‘张之洞。’殊为巧合。”

由此可知，第一联流传已久，自非张之洞原创。第二、三联虽出现较晚，然《清稗类钞》乃剪拼杂凑之书，实不堪尽信。至于刘大白，则拾徐珂之牙慧，更无足论。且此三联，虽与张之洞密切相关，却恐非其自撰。

武汉奥略楼联

四顾更无人，昔也哗然今也哭；
两朝曾论相，释之长者束之才。

【解析】

联见常江《中华名胜对联大典》，编者注云摘自《新游记汇刊》（民国排印本）。今查中华书局《新游记汇刊》及《续刊》共十四册，均无。

光绪三十三年（1907年），张之洞调任军机大臣，离鄂时，门生故吏于黄鹤楼故址聚资建造风度楼，以示纪念。张之洞劝阻不及，乃谓“此楼关系全省形势，不可以一人专之，务宜改换匾额，鄙人即当书寄”。遂据《晋书·刘弘传》“恢宏奥略，镇绥南海”之意，改名奥略楼，并亲书匾额。楼高三层，1955年修建长江大桥时拆除。张之洞更楼名为“奥略”，隐然以刘弘自喻，身后挽联，伍铨萃、朱联沅、徐仁铨、段芝贵等人亦以“奥略”赞之。

此联语意较费解，不似登临题咏，更似感触伤怀。而《张文襄公荣哀录》挽联中有此作，“两朝”作“两回”，“束之”作“柬之”，署名门外受业宓昌墀。

武汉黄鹤楼·其一

对江楼阁参天立；
全楚山河缩地来。

【解析】

联见《张之洞全集》、丁荣凡《中华对联辞典》等。刘作忠《湖北名胜楹联》、常江《中华名胜对联大典》等书均未标明作者。“山河”又作“湖山”。而据方维新《新刻黄鹤楼铭楹联》，此联为方维新撰，郭方颐书。

武汉黄鹤楼·其二

爽气西来，云雾扫开天地憾；
大江东去，波涛洗尽古今愁。

【解析】

联见胡治熙《琐谈张之洞》（见《武汉文史资料》1986年第一辑《张之洞遗事》）一文，署名张之洞。而方维新《新刻黄鹤楼铭楹联》［光绪二年（1876年）刊行］题为石柱联，作者豫章符秉忠，刘作忠《湖北名胜楹联》从之。同治七年（1868年），湖北巡抚郭伯荫主持重建黄鹤楼，据丁守存《重建武昌黄鹤楼碑记》记载：“以武昌守黄昌辅董其事，而以候补通判汤世镛，从九品符秉忠等驻局监理。”可知符秉忠只是一名小吏。林庆铨《楹联述录》［光绪七年（1881年）刻本］似有所疑，仅标明为石柱联，未言作者。林宗泽《平冶楼联话》［光绪二十八年（1902年）］则寄名彭玉麟。此联作者莫衷一是，张之洞说出现较晚，且属孤证，故不从。

武汉黄鹤楼·其三

飘飘然爽气西来，挹之不绝；
浩浩乎大江东去，逝者如斯。

【解析】

联见刘作忠《张之洞治粤楹联琐记》，言其为西山三泉亭联。“西来、东去”之对，与上一联雷同。

养生联

无求便是安心法；

不饱真成却病方。

【解析】

联见南皮县张之洞研究会会刊《张之洞研究》2008年总第七期。

袁枚《随园诗话补遗》卷六中早有此联，谓为题书斋联，作者不详。

山东宁津县长官清真寺联

清水一瓶，冲去酒色财气；

古兰卅部，讲尽礼义廉耻。

【解析】

联见王玉良《张之洞联语》。

长官清真寺是山东的清真古寺之一，始建于明朝永乐年间，整体建筑兼具中国古典建筑与阿拉伯建筑之风格，史称“标异沧济”。寺中有石鼓、礼拜堂等。

此联语句浅直，且双仄收尾，犯楹联大忌，应非张之洞亲撰。

南皮状元府联

地占百弓多是水；

楼无一面不当山。

【解析】

联见王玉良《张之洞联语》，并有横批“道德为邻”。

全联摘自刘克庄《方寺丞新第》：“宅成天下借图看，始笑书生眼力悭。地占百弓多是水，楼无一面不当山。荷深似入苕溪路，石怪疑行雁荡间。只恐中原方鼎沸，天心未遣主人闲。”

存 疑

福州螺江陈氏宗祠联

世系昌鸣凤；

仙居相钓螺。

【注释】

鸣凤：《诗经·大雅·卷阿》“凤凰鸣矣，于彼高冈。梧桐生矣，于彼朝阳”。后以“鸣凤”比喻杰出贤者。清代福州陈氏家族共有二十二位进士，一百零八位举人。

钓螺：《寰宇记》卷一百“螺江在州西北二十五里。《搜神记》云，闽人谢瑞少孤，于此钓得一螺，大如斗，置之瓮中，每日见盘馔甚丰。后归，忽见一少女美丽，燃灶之次。女曰：‘我是白水素女，天帝哀君少孤，遣妾与君具膳。今既已知，妾当化去，留谷与君。’其后瑞常得其米，价资其子孙，因曰钓螺江”。

【解析】

此联现存福建福州郊区螺洲镇店前村陈氏祠堂，为门柱联之一。

螺江陈氏宗祠建于明代，原为螺江陈氏家庙，清初改为宗祠，嘉庆二十四年（1819年），刑部尚书陈若霖捐资重建。陈若霖曾孙陈宝琛于光绪年间任职翰林侍读，与张之洞同为清流党人，联衔会奏，相交甚密。

阙题联

晋国天下莫强焉，大卤之金，管涔之玉，代郡之马，龙门之桐，惟是邦表里山河，官交灵瑞；

故家流风有存者，林宗在汉，仲淹在隋，中立在唐，君实在宋，愿多士经纬文武，无愧科名。

【注释】

晋国天下莫强焉：出自《孟子·梁惠王上》“晋国，天下莫强焉，叟之所知也”。

大卤：指运城盐湖，据传为黄帝战蚩尤处，地多盐铁。

管涔：指管涔山，汾水发源地，属吕梁山脉，古称晋山之祖。《山海经·北山经·管涔之山》：“其上无木而多草，其下多玉。”

代郡：古今规划不一，辖境大致包括今代县、繁峙、五台、原平等地，自古盛产良马，又称马城县。

龙门：在今陕西韩城市及山西河津市之间。枚乘《七发》：“龙门之桐，高百尺而无枝。”

表里山河：语出《左传·僖公二十八年》，形容晋国内山外河地势险要，易守难攻。后泛指有山河天险作为屏障。

故家流风有存者：语本《孟子·公孙丑上》“纣之去武丁未久也，其故家遗俗，流风善政，犹有存者”。

林宗：指郭泰，字林宗，山西介休人，东汉名士，教育家。

仲淹：指王通，字仲淹，山西河津人，隋代大儒，著名思想家。

中立：指裴度，字中立，山西闻喜人，唐代名臣，文学家。

君实：指司马光，字君实，山西夏县人，北宋名相，著名史学家。

【解析】

联见左振中编《平遥古今楹联集锦》，阙题。该书正式出版时改名《平遥古城楹联》（山西经济出版社2009年版），未录此联。笔者通过平遥联友温本理先生咨询左老，据言此联为编辑《平遥古今楹联集锦》时，抄录于某乡耆笔记簿，作者确系张之洞，然因此联未尝现于平遥，故再版时谨为删去。

此联上写山西地产之丰，下写人才之盛，结句“官交灵瑞”“无愧科名”云云，似为新科进士赠贺之作。

黄州试院苏白堂

鸿爪忆前贤，文藻江山，抗怀坡颍；
龙头扶景运，人才科第，接武刘陈。

【注释】

鸿爪：苏轼《和子由渑池怀旧》“人生到处知何似，应似飞鸿踏雪泥。泥上偶然留指爪，鸿飞那复计东西”。

文藻江山：杜甫《咏怀古迹》“江山故宅空文藻，云雨荒台岂梦思”。

坡颍：苏轼、苏辙兄弟俩并称，苏轼号东坡居士，苏辙号颍滨遗老。

龙头：状元别称。黄滔《輒吟七言四韵，攀寄翁文尧拾遗》：“龙头龙尾前年梦，今日须怜应若神。”

景运：好时运。《周书·独孤信传》：“今景运初开，椒闱肃建。”

刘陈：黄州府在清代科举中共有两位状元，即刘子壮［顺治六年（1649年）］与陈沆［嘉庆二十四年（1819年）］。

【解析】

联见刘作忠《张之洞治粤楹联琐记》。

苏白堂为湖北黄州试院名，乃苏轼、白居易合称，宋代魏了翁《王常博寄示沌路七诗李肩吾用韵为予寿因次韵》：“谁言苏白名相似，试看风骚赤壁矶。”

此联上写人文，下写科举。

两湖书院联·其一

惟楚庆多才，夹袋宏搜，安得万间开广夏；
取人不求备，锁闱清课，何妨六艺重专门。

【注释】

楚庆多才：《左传·襄公二十六年》“虽楚有材，晋实用之”。

夹袋宏搜：《宋史·施师点传》“师点惓惓搜访人才，手书置夹袋中”。后用为收揽人才以备选用之典。龚自珍《己亥杂诗》：“夹袋搜罗海内空，人才毕竟恃宗工。”

取人不求备：《贞观政要·论任贤》“不以求备取人，不以己长格物，随能收叙，无隔疏贱”。

【解析】

联见孙建《沧州联话》稿本。

张之洞有《咨南北学院调两湖书院肄业生并单》，兹节录片段，于联意或有裨益：“查两湖地方，人才素盛，名贤辈出。惟湖北江汉书院暨本部堂前在学政任内创建经心书院，皆因经费未裕，斋舍无多……本部堂现于湖北省城创建两湖书院……课士之法，分经学、史学、理学、文学、算学、经济学六门，延请分教六人，专门训课。诸生愿执何业，各随才性所近，能兼者听。”

两湖书院联·其二

荆衡秀气；

邹鲁遗风。

【解析】

联见王玉良《张之洞联语》。《对联话》称为“两湖书院门联”，《中华名胜对联大典》等书录之，皆未言作者。

两湖书院联·其三

正气长存，流行一院；

学业精进，驰誉两湖。

【解析】

联见王玉良《张之洞联语》。《湖北名胜楹联》称为“两湖书院正学堂联”，《中国书院楹联》等书录之，皆未言作者。

龟山晴川阁联

东去大江，那堪淘尽英雄，彩笔尚留鹦鹉赋；
西望夏口，从此永消争战，霸图休即犬豚儿。

【注释】

东去大江：苏轼《念奴娇·赤壁怀古》“大江东去，浪淘尽、千古风流人物”。

西望夏口：苏轼《前赤壁赋》“西望夏口，东望武昌，山川相缪，郁乎苍苍”。张之洞酷爱东坡，诗歌、书法皆宗之，于联语也信手拈来，不啻若己出。

犬豚儿：《三国志·吴书·孙权传》“曹公见军伍整肃，喟然叹曰：‘生子当如孙仲谋，刘景升儿子，若豚犬耳。’”

【解析】

联见《湖北名胜楹联》，《张之洞全集》亦收录。据周强发表于《湖北档案》2011年第9期《张之洞三上晴川阁》一文介绍，此联作于光绪二十四年（1898年）四月，张之洞独游龟山，撰书此联并题写“翼际雄关”横幅，僧人将其刻碑立于禹功矶旁，后遗失。1993年重建铁门关，于城楼东面檐下发现“翼际雄关”匾额。

刘表雄踞荆州，与上联祢衡作赋皆稳切当地。登临题咏，以用当地典故为上乘。“即”字语意难明，疑有误。

挽张之万

宗称孝，乡称悌，况蒙谨慎天褒，信平生百事无亏，著鉴典型在朝右；

老作相，少作元，兼享髦期上寿，痛此日四方多故，凤麟仪表渺人间。

【解析】

联见刘习贞《楹联拾趣》。

张之万（1811—1897年），字子青，号銮坡，直隶南皮人，张之洞族兄。清道光、咸丰、同治、光绪四朝元老，著名书画家。道光二十七年（1847年）状元及第，授翰林院修撰。咸丰九年（1859年）、十年（1860年）连任会试同考官，张之洞循例回避，未能赴考。同治元年（1862年）九月任河南巡抚，张之洞入其幕府，得习拟疏奏。光绪八年（1882年）任兵部尚书，后调刑部。十年（1884年）入军机处，中法战争时奏请张之洞为两广总督。十八年（1892年）任东阁大学士。二十年（1894年）甲午战争，张之万主和，张之洞主战，二人意见不合，张之洞致有“老兄居枢相多年，实有相貌而无相才”之讥。之后因李鸿藻祖父李殿图入祀畿辅先哲祠事，张之洞致书张之万，张之万回复“东事方亟，无暇及此”，二人渐生矛盾。二十二年（1896年）张之万致仕，二十三年（1897年）五月十五日寿终，谥“文达”，入祀贤良祠。张之洞赠奠仪三千两，并挽此联。

据《楹联拾趣》介绍，因挽联只字未提张之万生前功绩，孝子张瑞荫认为大不恭敬，故而未在灵棚悬挂。

飞江亭联

眼底江流，尽皆后浪赶前浪，争相推移奔大海；

世间人事，总是少年代老年，与时维新是正途。

【解析】

联见王玉良《张之洞联语》。唐浩明历史小说《张之洞》下卷第一章记有此联。

飞江亭在镇江焦山定慧寺院后，建于一块天然巨石之上，石半悬空，亭势如飞，俯瞰江涛，有羽化登仙之感，故名。光绪二十二年（1896年），张之洞与杨锐、梁鼎芬、辜鸿铭等游镇江焦山。定慧寺后新建一亭，张之洞因焦山东端有吸江亭，遂取苏轼《渔家傲》“翩然欲下还飞去”词意，命名“飞江亭”，并撰此联。其时张之洞与康有为、梁启超等人关系密切，支持变法，故有“与时维新是正途”之句。后戊戌变法失败，张之洞命梁鼎芬将此联毁掉。

武昌湖广总督府

北起荆山，南包衡岳，中更九江合流，形胜称雄，楚尾吴头一都会；

内修吏治，外肄戎兵，旁兼四裔交涉，师资不远，林前胡后两文忠。

【解析】

联见《古今联语汇选·廨宇》，胡君复称：“光绪中，张文襄总督湖广，节署大堂有一联……文襄见联嗟赏，后知其人乃知县需次者，遂畀绾要缺。”在清代，新官候补称为“需次”，“畀绾要缺”即令其充任肥缺。吴恭亨《对联话》依样转抄并加以评析：“清光绪中，张文襄总督湖北，其初至也，节署大堂署一联云‘北起荆山，南包衡岳，中更九江合流，形胜称雄，楚尾吴头一都会；内修吏治，外肄戎兵，旁兼四裔交涉，师资不远，林前胡后两文忠’。文襄见联，特为嗟赏，访得其人，亦知县需次者也。遂畀绾要缺。盖与仙屏之爱才为同一鼻孔出气。按，此联佳处，出幅包举三楚赐履，对幅言总督职任。其曰九江者，训洞庭之委于江也。曰四裔交涉者，汉口为欧美商场也。曰林前胡后者，林则徐为湖北（广）总督，胡林翼虽仅位湖北巡抚，而实不啻行总督之职权，且又皆名臣也。两文忠者，林谥‘文忠’，胡谥亦‘文忠’也。”二人皆认为此联为武汉某候补知县所撰。

李伯元《南亭联话》“形胜”作“形势”，以为张之洞亲撰，雷瑨《楹联新话》附议于后，称其“气魄沉雄，与人地均相称”。《张之洞全集》收录此联，并附异文“西通巴蜀，南控荆襄，中有九江合流，形胜无双，楚尾吴头一都会；内修政治，外诘兵戎，兼司四裔交涉，师资不远，林前胡后两文忠”。

畿辅先哲祠

礼乐宗先迹；

文章萃上都。

【解析】

此联《张之洞全集》收录。初见于顾平旦等主编《中国对联大辞典》（中国友谊出版公司1991年版）卷下“名胜类”，题为畿辅先哲祠，注云“在河北张家口宣化门外斜街”，与北京宣武门外下斜街地址不一。后为常江《中华名胜对联大典》（国际文化出版公司1993年版）、谷向阳《中国对联大典》（学苑出版社1998年版）等工具书所收录，亦均无署名。

北京白米斜街故居北院门联

白云青山，图开大米；
斜风细雨，春满天街。

【解析】

联见王玉良《张之洞联语》。王铭珍《北京什刹海地区街巷趣谈》、叶书龙《张之洞病逝的北京白米斜街故居》等文亦有谈及。而胡君复《古今联语汇选》云：“京师地安门外有白米斜街，依傍十刹海，俗名小西湖，绿柳参差，青山隐约，某家署一联云‘白雪远山，图开大米；斜阳新柳，春满天街’。”文字于律更谐，于景更切，特未署名耳。己亥春，笔者赴京游白米斜街，故居已为某单位宿舍，惜未能一探究竟。

缫丝局联

珍逾鲛室；
利普蚕乡。

【解析】

联见郑泽宇《一代宗师张之洞的对联》。此联及以下自《题信局》至《题旅馆业》十联，因与民国通用联无甚区别，且缺乏新中国成立前原始出处，故谨入存疑。

光绪十九年（1893年），张之洞派人到上海考察缫丝之法，并奏请与武昌望山门外巡司河口试办缫丝局，光绪二十一年（1895年）开工，占地十八亩，有缫车三百架，女工四百余人，后因日本、意大利等国的市场垄断，至民国十三年（1924年）停闭。

题信局

梅赠春风来驿使；
葭逢秋水送鸿邮。

【解析】

以下至《题旅馆业》联九副，均见于江伯怡《张之洞的洋务对联》。此联又见于邹雷《南京历代楹联》。

题盐业

胶鬲高踪传隐世；
夷吾道术善居奇。

题印刷业

莫笑文章多印版；
从知大雅尽扶轮。

【解析】

又见于邹雷《南京历代楹联》。倪星垣《联语粹编》卷八“某报载印刷联云：‘莫笑文章多印版，从知大雅尽扶轮。’笔意影射有趣”，但未云作者。

题书报业

万口流传新教育；
千秋报纸大文章。

题笔业

五色艳争江令梦；
一枝春暖管城花。

题酒业

曲部生涯，利占大有；
糟丘事业，庆协同人。

题皮鞋业

晴雨同宜，利宏革履；
中西异式，用协咸恒。

题绣货业

锦绣花团，经纶事业；
云蒸霞蔚，美富文章。

【解析】

又见于邹雷《南京历代楹联》。

题旅馆业

角枕锦衾，扫榻以待；
汽车轮船，折柬相迎。

随处可安身，直视乾坤为逆旅；
当前堪适意，姑邀风月作良朋。

【解析】

第二副又见于邹雷《南京历代楹联》。

赠黄良辉

五百年必有名士；
十三省只此秀才。

【注释】

五百年必有名士：语本《孟子·公孙丑下》“五百年必有王者兴”。

【解析】

联见《汉川文史资料丛书》第26辑《晚清湖北才子黄良辉》。黄良辉（1840—1904年），字耀庭，湖北汉阳人。诗联出众，名噪荆楚，素有“湖北第一、天下第七才子”之誉。同治九年（1870年）举人，中式一等第一名，传说张之洞时任湖北学政，为其题辞如上。因文字粗率，缺少原始出处，故谨入“存疑”。

赠王允嘉

独立寒秋谁与友；
往看万壑争交流。

【注释】

往看万壑争交流：苏轼《送晁美叔发运右司年兄赴阙》“君求会稽实良筹，往看万壑争交流”。

【解析】

联见莫苍知《张之洞与安龙的不解之缘》：“郡人王允嘉与张之洞为同窗好友，感情甚笃。张之洞任湖广总督期间，曾赠手书对联：‘独立寒秋谁与友，往看万壑争交流。’王氏家族世代留存。”

武昌西山寺联

朅来东观弄丹墨；
步上西山寻野梅。

【注释】

揭来东观弄丹墨：语出苏轼《送刘道原归觐南康》“揭来东观弄丹墨，聊借旧史诛奸强”。

步上西山寻野梅：语出苏轼《武昌西山》“忆从樊口载春酒，步上西山寻野梅”。

【解析】

联见刘作忠《张之洞治粤楹联琐记》。

抱冰堂联

不嫌老圃秋容淡；

顿觉皇州春意回。

【注释】

不嫌老圃秋容淡：语本韩琦《九日水阁》“虽惭老圃秋容淡，且看黄花晚节香”。

顿觉皇州春意回：语出司马光《二月六日初见待漏房前柳色微绿欣然成咏》“宫城映出丝丝绿，顿觉皇州春意回”。

【解析】

联见保利拍卖公司2009年仲夏精品拍卖会，落款“丙午入都前张之洞撰并书”，钤印“孝达”“张之洞印”。联语之间有一段跋文：“余心白如玉、洁如冰，一尘不染，故名其堂曰抱冰。抱冰堂前点缀之山石玲珑，花木茂美，而秋菊春桃，尤争一时之胜，因题一联云：‘不嫌老圃秋容淡，顿觉皇州春意回。’以志余心，终不忘抱冰之意云耳。”丙午年为光绪三十二年（1906年）。《张之洞全集》等多题为“湖广督署花园联”，盖张之洞书房之“抱冰堂”，建于督署花园之内。各大拍卖会及各种张之洞书法集所见张之洞联语犹多，然真赝莫辨。即使书法确为张之洞亲笔，内容亦无从考证。

寿张元佩

阁老丝纶真绿野；

翰林风味小澄怀。

【注释】

阁老丝纶真绿野：唐代对中书舍人中德高望重者敬称阁老，中书省代皇帝草拟诏旨，称为掌丝纶。唐代晋国公裴度官终中书令，晚年留守东都，筑绿野堂，与白居易、刘禹锡等名士诗酒琴书自娱。有子五人，史称“兄弟并列方镇，时人荣之”。此以裴度赋闲比拟张元佩的致仕生涯。

翰林风味小澄怀：澄怀园位于圆明园福园门南，绮春园西墙外，专为南书房和上书房词臣所设的寓所，俗称翰林花园。清初名臣张廷玉兼管翰林院多年，著有《澄怀园文存》。张氏门阀清华，其父张英为文华殿大学士兼礼部尚书，弟张廷璐殿试榜眼，官至礼部侍郎，人称“父子双宰相”“六代翰林”。张元佩长子张继丙为咸丰二年（1852年）举人，长孙张叙藩与三子张继煦同为光绪二十九年（1903年）举人，人称“一门三举人，叔侄同登榜”。此以两个张氏家族类比。

【解析】

联见李忠智《张之洞墨迹选》，楷书，落款“南皮孝达张之洞”。原作藏湖北省博物馆，长136厘米，宽32厘米。张之洞视张继煦为得意门生，曾言：“我两任湖广总督，历十七载，计得弟子万余人，其中惟张继煦的文章必传！”光绪二十八年（1902年），张元佩六十寿辰，张之洞书赠此联。

张元佩（1842—1904年），号松龄，湖北枝江人，廪贡生，同治二年（1863年）以军功保举孝感县训导，后历任应城县、京山县训导。其子张继煦（1876—1956年），号春霆，著名教育家，张之洞得意门生、重要幕僚之一。曾就读于两湖书院，因成绩优秀、擅写文章深受张之洞赏识。光绪二十八年（1902年），被派往日本留学，回国后历任湖北省学务公所实业科长、湖北省立第一师范学校校长、湖北省通志馆总纂等职，新中国成立后任湖北省参事室参事。著有《张文襄公治鄂记》。

挽李文田

士林奉公为师范，朝列推公为端人，独忧四海多艰，屡上青蒲陈谏疏；

词馆与我相切磋，粤疆与我商战守，深痛十年不见，徒悬朱鸟耿文章。

【注释】

青蒲：指忠臣直谏。典出《汉书·史丹传》："丹以亲密臣得侍视疾，候上间独寝时，丹直入卧内，顿首伏青蒲上，涕泣言曰……"《清史稿·李文田传》记李文田谏止修建圆明园、疏请起用恭亲王等事。

朱鸟：即朱雀，传说中南方之神，主文章，也被认为能接引死者灵魂上升于天。

【解析】

联镌刻于广州白云山象牙峰上李文田墓前华表。

李文田（1834—1895年），字仲约，号芍农，广东顺德人。咸丰九年（1859年）一甲三名进士授翰林院编修，官至礼部右侍郎，为清代著名学者、书法家。同治年间与张之洞同官翰林院，光绪八年（1882年）法越战争爆发，与龙元僖、苏廷魁奉旨督办广东团练，规划有方，受到张之洞称赏。十年（1884年），谅山前线吃紧，黑旗军将领刘永福缺饷求援，他着力筹得巨款解困，又保荐老将冯子材出守镇南关，与张之洞交往愈密。二十一年（1895年）十月病逝，张之洞为撰祭文，此联即祭文之隐括。

挽杨锐

双泪落君前，大江滚滚怀人远；

文名余死后，绵竹亭亭出县高。

【注释】

双泪落君前：张祜《宫词》"一声何满子，双泪落君前"。

大江：指长江，长江上游支流沱江发源于绵竹。

文名余死后：杨锐著有《杨叔峤先生诗集》《杨叔峤先生文集》，见《续修四库全书》集部册。

绵竹亭亭出县高：杜甫《从韦二明府续处觅绵竹》“华轩蔼蔼他年到，绵竹亭亭出县高”，借以形容杨锐出类拔萃。

【解析】

联见杨公祠。祠堂位于四川绵竹城内小西街，民国五年（1916年）建，新中国成立后因征用拆毁。祠内楹联多为杨锐死后各界人士所撰挽联，作者除张之洞外，尚有康有为、梁启超、王闿运等人。

杨锐（1857—1898年），字叔峤，四川绵竹人，同治十三年（1874年），四川学政张之洞创建尊经书院，杨锐毕业于此，深受张之洞器重，后入其幕府，师徒僚属，交往愈密。光绪十一年（1885年），杨锐考取内阁中书。二十一年（1895年）与康有为、梁启超等人发起强学会，得到张之洞资助。二十四年（1898年）创立蜀学会，参与戊戌变法，同年九月变法失败被杀，张之洞挽救不及，痛惜非常。

挽姻父母

可怜五色炼仙心，王臣蹇蹇，我后明明，正拟补天偏陨石；

从此三青皈佛界，大造悠悠，真空色色，不妨度世各拈花。

【注释】

王臣蹇蹇：《易·蹇》“王臣蹇蹇，匪躬之故”。王为君主，臣为忠臣，前“蹇”为涉险之意，后“蹇”为济险之意。此句犹云：王之大臣不避艰险，匡扶其主于蹇难之中。

我后明明：魏晋时期无名氏《晋四厢乐歌·其三·正旦大会行礼诗》“明明我后。玄德通神。受终正位，协应天人”。明代陆深《俨山集》卷三十《瑞雪赋》：“我后明明，既安且宁。”明明，明智、明察之意。

三青：词意不详。隋代智顗《妙法莲华经玄义》：“三青障破，自成三谛三青三昧。乃至感应成他三昧，例上可解。”

真空色色：吕岩《又记》“真空空不空，真色色非色”。乾隆《雨香馆作歌》：“声声色色本真空，吾亦因之万虑遣。”

【解析】

联见傅振涛《乡党文学》抄本。傅振涛，生于民国，卒于二十世纪八十年代，沧县人。

古代称儿女亲家之父母为姻父母。张之洞子女众多，此处确指不详。

上联对晚清时局似有所指，逝者或为高官大吏。下联言逝者超凡成仙，亦悼挽之常辞。

故 事

出句考幕僚

开轩面场圃；（张之洞）

无地起楼台。（易顺鼎）

【解析】

联见易顺鼎《诗钟说梦》。

作者是张之洞的幕僚，张之洞在北京六郎庄购置别业，建有“师田轩”。唐代冯贽《云仙杂记》中说，“（陶）渊明尝闻田水声，倚杖久听，叹曰：‘秫稻已秀，翠色染人，时剖胸襟，一洗荆棘，此水过吾师丈人矣。’”因为轩外都是水田，正对西山，翠扑眉宇，所以张之洞以此为名。一次张之洞用孟浩然的《过故人庄》诗句“开轩面场圃”命易顺鼎属对，易顺鼎应声而说：“无地起楼台。”这是北宋魏野赞扬寇准的诗句，寇准出入为相三十年，不营私第。魏野赠诗曰：“有官居鼎鼐，无地起楼台。”寇准因此被称为“无地起楼台相公”。张之洞击节大笑，说：“此轩是填水田而建，真是无地啊！”

出句受辱

烟惹御炉许久香；（张之洞）

图陈秘戏张之洞。（某人）

【解析】

联见雷瑨《楹联新话》。

光绪三十三年（1907年），海州观察许久香进京讨论江浙铁路问题，当时张之洞正在京中，偶尔言及“烟惹御炉许久香”之句，说道颇为难对，大家也都表示同意。过了几天，张之洞忽然接到一封匿名信，里面写着“图陈秘戏张之洞，烟惹御炉许久香”。秘戏图又称春宫图，内容多是男女床笫间事，极为不雅，此处“张之洞”三字曲意别解为交合动作，令张之洞大为恼火，然而终因查不到作者而不了了之。据赵熙《香宋杂记》记载，许久香即许鼎霖。许鼎霖（1857—1915年）字九香，赣榆县（今连云港赣榆区））人，光绪末年任浙江省洋务局总办。

张之洞试对秀才

四水江第一，四时夏第二，先生居江夏，还是第一，还是第二；（张之洞）

三教儒在前，三才人在后，小子本儒人，不敢在前，不敢在后。（秀才）

【解析】

联见《紫兰画报》1925年第6期光裕《张之洞试对秀才》一文：“张之洞抚湖北时，有一秀才请谒，张讶其胆大有奇才，即招之见，面试以对。题云：‘四水江第一，四时夏第二，先生居江夏，还是第一，还是第二？’秀才不假思索，应口而对：‘三教儒在前，三才人在后，小子本儒人，不敢在前，不敢在后！’可称妙语。”

后有人将无名秀才附会为梁启超，文字略有出入。比如冯治《梁启超巧对张之洞》（文载冯治、刘永彪《民国名人逸闻》）：“清光绪年间，少年博学的梁启超路经武昌，遵照老师康有为吩咐去拜谒湖广总督张之洞。张之洞见康在信中夸奖的‘才思敏捷’的青年仅是一个文弱书生，颇不以为然。轻视而笑：‘听说你才思过人，老夫前日偶得半联，苦思良久，未想出下联，不知你能否为一对？’梁知道这是有意考自己，于是潇洒恭敬地说：‘请赐教。’张之洞吟哦片刻，说出上联：‘四水江第一，四时夏第二，老夫居江夏，谁是第一，谁是第二？’出联极巧。长江为江、淮河、汉之首，夏季为春夏秋冬第二，张之洞以封疆大臣居江夏（即武昌），大有不可一世的咄咄逼人之势。梁启超本是文人才子，自古有儒、佛、道三教，天、地、人三才，他何甘示弱，于是脱口对出下联：‘三教儒在前，三才人在后，小子本儒人，岂敢在前，岂敢在后！’梁启超不卑不亢，针锋相对，对仗工整，令张之洞刮目相看。”

回敬李鸿章

香涛做官数十年，犹是书生之见也；（李鸿章）
少荃议和两三次，乃以前辈自居乎。（张之洞）

【解析】

联见李伯元《南亭笔记》。

1900年，北京发生庚子之变，张之洞和刘坤一与驻沪各领事议定“东南互保”，李鸿章在京师每天和联军总司令瓦德西交通联系。张之洞让人捎书信，讥讽他卖国求荣。李鸿章说：“香涛做官数十年，犹是书生之见也。”意思是说他不谙大局。张之洞听后勃然大怒，曰：“我是书生，他是老奸巨猾！”随后便回电讥讽：“少荃议和两三次，乃以前辈自居乎？”当时人们都以为是天然对偶。

张南皮戏嘲周妈

倚蒹葭玉树；
爱君子莲花。

【解析】

联见民国《新天津画报》1940年第29期刊载守黑《张南皮戏嘲周妈》一文。

张之洞任湖广总督时，王闿运和他的贴身佣人周妈前来拜访。张之洞和王闿运交情莫逆，于是设宴款待，并且邀请自己的儿女亲家侍郎黄体芳和两湖书院的监督梁鼎芬前来作陪。周妈和王闿运虽然名为主仆，实际情同夫妻，二人席间举止亲昵，于是黄体芳调侃周妈的三寸金莲，说可成一联：“蒹葭倚玉树，君子爱莲花。”张之洞应声而说他将对联中“倚、爱”两个字移作第一字，就成了“倚蒹葭玉树，爱君子莲花”。因为他们是挨着王而坐，而王挨着周妈而坐，不是“倚蒹葭玉树”吗？爱周妈的步步生莲，直截了当，就是爱周妈的小脚。于是大家哄堂大笑。

智对主考

考南皮童生十岁；（主考）
贺北京天子万年。（张之洞）

【解析】

联见1937年7月《新天津画报》连载精一三郎所撰《联话》：“张之洞十岁，在南皮应考秀才时，主考见其年幼，曰：‘汝如此年岁，能应此试耶？’张之洞答曰：‘此试考才学也，考年岁耶？’主考异之，曰：‘今出一联，汝能对得下联，吾担保汝中秀才。’洞曰可，主考顺口成一联曰‘考南皮童生十岁’，张之洞应声答曰‘贺北京天子万年’，才人之才可见矣。”

书 法

行万里半天下；
高四海空无人。
下款南皮张之洞

数笏石传山意思；
一帘花得月精神。
上款文山一兄大人正，下款香涛张之洞

静以修身，俭以养德；
勤则不匮，敏则有功。
下款南皮张之洞

恭敬撙节，退让明礼；
欣熹欢爱，中正无邪。
上款集□□颂，下款香岩居士张之洞书

雍凉朱草文山紫；
桂柏栋梁凤凰堂。
下款张之洞

路入青云楼阁灿；

花开绿水藻芹香。
下款香涛张之洞

愿把霓幢引烟策；
戏操狂翰涴蛮笺。
下款南皮张之洞

春发其华，秋结其实；
业精于勤，行成于思。
下款南皮张之洞

取静于山，寄情于水；
虚怀若竹，清气若兰。
下款南皮张之洞

长松吟风晚雨细；
醉手题诗淡墨斜。
下款张之洞

和平养性方；
万事尽嘉祥。
下款张之洞敬书

元凯春秋传；
昭明文选楼。
上款蘧盦三世兄属，下款张之洞

银浆蕙露修香篆；
石磴松风试水经。
上款振夔仁兄大人雅正，下款弟张之洞

高文大册书鸿烈；
冰壶玉衡悬清秋。
上款四远贤弟清赏，下款张之洞

泉石烟霞得真乐；
松萝云月共幽期。
下款青霞道人

宣时布和，修德行惠；
甘露温润，春草繁昌。
上款文钟大兄大人属，下款张之洞

结丝萝山盟海誓；
共琴瑟地久天长。
上款岐臣四兄属书，下款河北张之洞

两卷硬黄书老子；
数峰破墨画庐山。
上款岐臣四兄属书，下款河北张之洞

多情置驿邀佳客；
好事磨铅勘旧经。
下款张之洞

桂岭清风香有味；
松阴古雪净无尘。
上款薪岩二兄大人之属，下款香涛张之洞

平生四海苏太史；
今日江南庾子山。
上款锡侯世仁兄大人雅正，下款张之洞

德性委蛇结绿佩；
文章灿烂珊瑚钩。
上款戊子秋七月，下款张之洞

茅亭宿花影；
药院滋苔纹。
下款壶公

扫榻焚香清道味；
援琴煮茗静诗怀。
下款无竞居士张之洞

天然文吐春云润；
悟后心如秋月超。
下款香涛张之洞

和气在堂，卿云扶质；
清泉泽物，嘉木多阴。
下款无竞居士张之洞

古研不容留宿墨；
旧瓶随意养新花。
上款小堂大兄属正，下款张之洞

花影压阑星错落；
树阴穿径月玲珑。
上款小舟大兄大人雅属，下款香涛张之洞

山盟海誓共琴瑟；
地久天长结丝萝。
上款子功仁弟属书，下款河北张之洞

醉里千篇风雨速；
胸中九渊蛟龙蟠。
下款张之洞

闲拈蕉叶题诗句；
真淡荡如苏玉局。
下款张之洞

——以上均见于李忠智主编《张之洞墨迹选》（广陵书社2009年版）

令严钟鼓三更月；
诏赐天池八尺龙。
下款张之洞 有章

偶看芳草思名马；
每见青山想异书。
上款勉锄世二兄大人雅正，下款香岩居士张之洞书 有章

常吟卷里新题句；
自画湖边旧住山。
上款百约仁兄世大人清鉴，下款戊子八月弟张之洞书 有章

缮录经籍秘本凡数百种；
兼工诗古文辞自名一家。
上款清卿道兄所居为金孝章先生春草闲房集汪钝翁所撰先生志中语作此联，下款同治癸酉闰月三日南皮张之洞孝达书 有章

苍苔古木依涧壑；
深山大泽生龙蛇。
下款孝达张之洞 有章

彩凤拂衣鸣翠竹;
素鳞鼓鬣出寒波。
上款兴公仁兄大人正，下款弟张之洞 有章

德义无官位而足重;
文章勒金石以不刊。
上款幼庸观察雅属，下款张之洞 有章

开诚布公，明道兴事;
立名崇节，尚德错刑。
上款仲孚仁兄大人雅正，下款弟张之洞 有章

许叔重说文解字;
王伯厚困学纪闻。
上款书林大兄雅属，下款张之洞 有章

紫衣恭帝诏;
金榜赐龙图。
下款张之洞 有章

豪杰聚四海;
英雄擅八区。
下款张之洞 有章

竹因临水情斯畅;
兰以当风气亦和。
下款张之洞 有章

夫子勤于蘧伯玉;
使君疑是郑康成。
上款季立仁兄大人雅教，下款张之洞 有章

草舍月留羁客坐；
莲唐花识贾人舟。
下款张之洞 有章

人品无瑕玉界尺；
文章有骨石屏风。
上款栖霞先生雅正，下款南皮张之洞 有章

特达圭璋，君子所贵；
雕虫篆刻，壮夫不为。
上款春亭一兄属，下款张之洞 有章

麟子凤雏，大喜在后；
鹊笑鸠舞，和气所居。
上款鲁南仁兄大人喆嗣嘉礼，下款愚弟张之洞拜手 有章

古今大文自述已；
左君修竹居其间。
下款南皮张之洞 有章

学于古训了有获；
乐兮天命复奚疑。
上款子珊年兄大人雅正，下款弟张之洞 有章

结雾飞烟，右军笔墨；
遥山近水，摩诘画图。
下款香涛张之洞 有章

翠锜霜蔬，煮猫头笋；
襟花袖月，醉象耳山。
下款张之洞 有章

醉酒松风郁；
观碑翰墨馨。
上款君家四壁如相如，卷藏天禄吞石渠。岂惟邺侯三万轴，家有世南行秘书。儿童拍手笑何事，笑人空腹谈经义。未许中郎得异书，且共扬雄说奇字。下款紫洋尊兄大人雅正南皮张之洞 有章

浅碧细斟家酿酒；
疏红初试手栽花。
下款张之洞 有章

山抹微云秦学士；
露花倒影柳屯田。
上款仁山仁兄大人雅正，下款张之洞 有章

冬夜灯前，夏侯氏读春秋传；
东门楼上，南京人唱北西厢。
上款君觋一兄大人大雅属，下款香涛张之洞书于壬辰孟秋 有章

贤者风期，清和在抱；
至人天趣，山水与游。
下款张之洞 有章

顾视清高气深稳；
文章彪炳光陆离。
下款张之洞 有章

固结精神唯道义；
降伏心气下功夫。
下款张之洞 有章

笔下江山转葱蒨；

堂前水竹湛清华。
下款孝达张之洞 有章

□善人能使子孙获福；
积德者思贻父母令名。
下款香涛张之洞 有章

束身以圭，观物以镜；
种德若树，养心若鱼。
下款香涛张之洞 有章

石展地衣三药径；
锦围天柱十花樯。
下款光绪元年张之洞 有章

式相好矣，宜尔室家；
迨其吉兮，谷我士女。
上款朗遂步浦川湄夹闹市苦势相逼巨舰横中流众槎月江侧川太心清物免见眼生。友谊赵世富拜贺，兰山赐令张老先生令孙花烛之禧地车举境黑如灯火。下款南皮张之洞书 有章

展卷频挑雁足灯；
焚香细拨螭头鼎。
上款光绪丁未孟秋吉日，下款香涛张之洞 有章

诗情逸似陶彭泽；
勋业终归马伏波。
下款张之洞 有章

夜灯咏史虫吟草；
朝几研书獭祭鱼。

上款濂泉宗大兄大人雅属，下款弟张之洞 有章

直似贞筠，温同瑞玉；
门有通德，家藏赐书。
上款续村老前辈大人雅鉴，下款侍张之洞 有章

曲廊下瞰白莲沼；
小阁正对青萝峰。
上款笙叔年兄属，下款张之洞 有章

藤纸静临新获帖；
铜瓶寒浸欲开花。
下款张之洞 有章

束薪山客招烹石；
渡海蕃僧乞制碑。
上款星桥秀才雅正，下款张之洞 有章

坐榻横书，升台校射；
然香品画，对月开尊。
上款佑宸仁兄大人属，下款张之洞 有章

缉言琼秘；
缀响兰深。
上款紫洋仁兄大人正，下款张之洞 有章

秦铜镜铭，富贵吉祥；
汉瓦当文，延年益寿。
上款海祥七兄大人正字，下款张之洞 有章

天地英精，圣贤经济；

山林气象，台阁文章。
下款香涛张之洞 有章

高松来好月；
野竹上青霄。
上款耀衡一兄雅属，下款张之洞 有章

镂管琅函开丽日；
冰壶玉鉴照清秋。
上款仲孚仁兄大人雅正，下款弟张之洞 有章

旋烹罂粟留僧话；
细嚼梅花读汉书。
上款若舟三兄大人雅正，下款弟张之洞 有章

颂献嘉平，诗歌福禄；
人称寿考，乐叙偏常。
上款紫昌大学士八秩荣庆，下款河北张之洞书祝 有章

多情置驿邀佳客；
好事磨铅勘旧经。
下款张之洞 有章

宣时布和，修德行惠；
甘露温润，春草繁昌。
上款文钟大兄大人属，下款张之洞 有章

冶春景物瓢儿菜；
感旧心情鼓子花。
上款哲生仁兄大人正掜，自撰句，下款张之洞 无章

醉凭危槛波千顷；
暗养清阴竹数科。
上款霑园尊兄大雅属，下款香涛张之洞 有章

燕寝清香与世隔；
画图绝妙无人知。
上款静莽大兄大人雅正，下款香涛张之洞 有章

春秋图史乃家法；
风流儒雅亦吾师。
上款楚江一兄大人雅正，下款弟张之洞 有章

——以上均见于拍卖图录

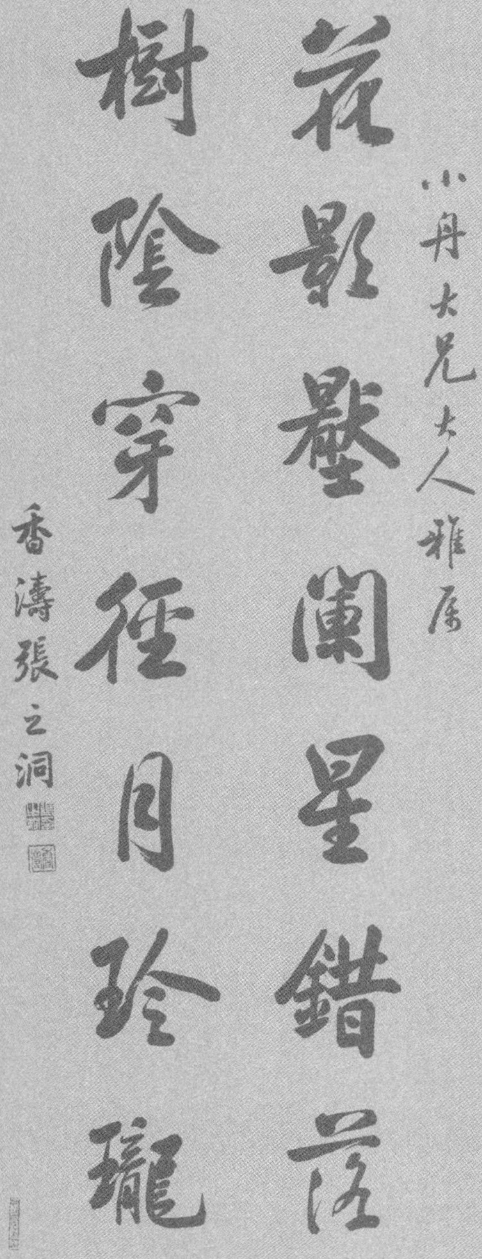

杂篇

【799副】

题 赠

扬历宣勤嘉茂绩；
靖共介福锡蕃厘。
皇太后御赐张之洞六十寿联 见《张文襄奏议》

江汉秋阳不可尚；
武昌夏口此为雄。
易顺鼎贺张之洞六十寿 见《对联话》

运筹夷夏无方畛；
继武林胡第一人。
王龙文贺张之洞六十寿 见王龙文《平养联存》

宏总上流宣荩略；
赞襄新治重耆英。
光绪帝御赐七旬贺联 见许同莘《张文襄公年谱》

母事慈，子事孝，大义凛宫帏，北面三呼天下定；
旧党票，新党拳，中流成砥柱，南皮一老古来稀。
宓昌墀贺张之洞七十寿 见《名人名家楹联赏析》

师事几人心北面；

感恩知己首南皮。

某县令投赠 见陈方镛《楹联新话》

壁立千仞，犹恐未免俗；
胸包九流，而后可谈经。

王闿运题赠 见《对联话》

上书侈八表雄图，捧日何尝罄壮抱；
聚铁成六州大错，雕霜今已到坚冰。

吴恭亨题抱冰堂 见《对联话》

为旧学宗，为新学祖；
是周方叔，是汉方城。

李瑞清题赠 见《古今联语汇选》

心倾东鲁三千士；
首解南皮二八年。

陈恒庆以孔子、张之洞作诗钟 见陈恒庆《谏书稀庵笔记》

旧堂寻广雅；
贤傅叹文襄。

梁鼎芬课儿联其六百四十九

嘲 讽

号令不时，起居无节；
语言无味，面目可憎。
传言湖北官场戏赠 见陈锐《褒碧斋杂记》

借公债以弥私亏，人人恨入骨髓；
引旧学而办新政，事事袭其皮毛。
佚名嘲讽张之洞大办新政 见《对联话》

优游武汉青春贱；
冠盖京华白眼多。
佚名改锡拉胡同寓居联 见《南亭联话》

张之洞；
关了门。
佚名嘲张之洞所拟大学堂章程过严 见《南亭笔记》

张香涛（前清军机大臣）；
开臭沟（京师谚语）。
佚名羊角对 见雷瑨《文苑滑稽联话》

无一日不办事，无一事不用心，疆寄三十年，仅乃如此；
行治术十之六，行学术十之四，存诗五百首，呜呼哀哉。

佚名集《哀启录》中语挽张之洞见 吴恭亨《对联话》

端拱无为，诸事偏劳老世叔；
张皇失去，大权旁落丫姑爷。
鄂人书联嘲张之洞重用端方、张彪 见民国《浙赣路讯》

大公祖爱才若命；
小妇人为国捐躯。
平康巷名妓嘲张之洞汉口创办花捐联 见民国《浙赣路讯》

筹饷局总揽江汉利权，贪酷成家，乃父死于金，乃兄死于烟，乃妻死于踢，乃子死于水，乃孙死于马，而己犹为虿尾；
劝学篇暗助康梁新党，昧良误国，有君受其欺，有臣受其戮，有民受其祸，有商受其害，有物受其毁，此人真是狼心。
佚名嘲张之洞变法 见《清末民国讽喻联集》

王子乔抱五羊虎咽；
张果老作三峡猿啼。
于式枚嘲讽王存善、张之洞 见梁羽生《名联观止》

之字路偏要你走；
洞中怪且奈我何。
黄良辉作嵌名联 见梁羽生《古今名联谈趣》

哀 挽

经求训诂如康成，学求致用如阳明，一代通儒，何分宗派；
朝无党援似温公，家无私财似诸葛，千秋贤相，可媲风徽。
天津阖郡京官

学识兼古近贤辅所长，天语饰终惟纪实；
病状使中外诸医莫测，臣躬尽瘁孰能瘳。
晚生陆润庠

封圻入相，赫赫三十年，依然诸葛布衣，长物只余书几箧；
遗疏忧时，拳拳数百字，洵比曲江金鉴，名言直可寿千秋。
馆晚生戴鸿慈

以经天纬地为文，新法旧经，持世恐无人可代；
有注海倾河之泪，近忧远虑，窥微早识病难为。
晚生陈宝琛

文襄定胜左文襄，汉宋兼通，更有鳌头廷试策；
年伯今成太年伯，斗山在望，来看马鬣圣人封。
王闿运遣弟三子代舆赍叩

甲申之捷、庚子之电，战功先识孰能齐，艰苦一生，临没犹闻忠谏语；

无邪在粤、正学在湖，讲道论心惟我久，凄凉廿载，怀知那有泪干时。

礼学馆顾问官梁鼎芬

老臣白发，痛矣骑箕，整顿乾坤事粗了；
满眼苍生，凄然流涕，徘徊门馆我如何。

礼学馆顾问官梁鼎芬

忧国如家，是湘乡合肥一流人物；
爱才若命，乃笥河芸台百载渊源。

晚生景润

合东坡涑水为一人，恩礼宣仁终始重；
继益阳湘阴而千古，纲维华夏后先同。

总检察厅厅丞治愚侄王世琪

时事多艰，如见独居深念日；
风流未尽，怅望后来继起人。

学部左参议林灏深

留侯筹策、燕国文章、曲江风度、太岳勋望，一身兼四公之长，方驾古人无愧色；
高阳爱士、柏乡立朝、献县博物、大兴讲学，自命有千秋之想，希踪先哲许同心。

前大理院民科推丞周绍昌

板荡忾中原，一个臣力砥狂澜，欧亚盛传贤相业；
樗庸隶帡幪，二十载恩深门馆，云霄恸失老成型。

四品京堂程庆霖率男候选道程祜

出可将、入可相，际一重重国步维艰，端赖坐镇从容，用资砥柱；

定大计、决大疑，为四万万黎元请命，惟本毕生学问，式焕经纶。

掌辽沈道监察御史乡晚生路士桓

曾胡不树党援，以仁事君，遂觉荐贤满天下，公殆能步后尘矣；

汤陆岂殖生产，洁身励俗，长留遗泽在人间，今傥复见继起乎？

晚生喻长霖

庶政视舆论为从违，造膝所陈，实统夫新知旧学；

遗疏与伊训相表里，同胞异日，会思此老生常谈。

学部丞参上行走记名出使候选道严复

曾许敢言，上书我愧陈同甫；

老而入相，当日群期范仲淹。

邮传部佥事湘乡陈毅

其论政论学宗旨极纯，乃调和出之，孰为公谅；

以名相名儒生平自许，所表树如此，想见时艰。

邮传部佥事湘乡陈毅

抗志东京三北海；

鞠躬西蜀一南阳。

晚生程宗伊

本经术作名臣，报称无他，精诚直达九霄上；

待僚属如弟子，瞻依顿失，须颜犹在五云中。

军机章京舒鸿贻

四十年宦海无波，银汉帆樯超世去；
二百载荆防有幸，满城桃李尽公栽。
陆军部一等检察官荆州协领恒龄

镇晋粤吴楚垂卅年，宏济艰难，顾命俨同召太保；
合将相师儒为一传，若论勋业，易名不让左文襄。
吏部郎中秦敦世

中朝大官失此老；
北方学者更何人。
度支部郎中闵荷生

是大政治家，是大教育家，后世难忘，公真不朽；
先天下而忧，后天下而乐，斯人长往，吾谁与归。
学部郎中邵恒濬

时局正艰难，上须安、下须全，四海望司马相公，企足待成元祐政；
感恩深肺腑，贫赐金、病赐药，五载佐令狐记室，伤心忍诵义山文。
学部郎中邵恒濬

扬历事三朝，尽瘁鞠躬，谋国未偿先帝托；
安危责一己，理繁治剧，济时空负老臣心。
花翎三品衔法部郎中汪惟翰

嗣皇继圣忽失元勋，忆从海外受知，当与华侨同堕泪；
谋国老成又弱一个，丁兹天下多故，空余筹策愤填膺。
农工商部候补郎中吴桐林

生有自来，在昔黔灵钟神秀；

死且不朽，即今丹诏备荣哀。

记名御史前大理院推事姚大荣

召太保受遗辅政，惟我公更值艰难，当末命导扬，想两宫陟降之灵，俨虚位而待贤相；

左文襄靖乱绥边，傥异地同符勋业，故饰终典礼，举廿年未加之谥，特推恩以宠劳臣。

大理院推事金恩科

邪说诬民，孙卿子劝学崇儒，以保名教；

中原多故，武乡侯鞠躬尽瘁，独矢孤忠。

外务部员外郎辜汤生

入仕途须戒躁进，遗训当终身弗忘，愧我酬知非国士；

办实事不畏浮言，盖棺则公论自见，斯人尽瘁为神州。

学部员外郎继宗

退赇竞、进廉直，古大臣之风，忠告空余遗疏在；

前庚子、后戊申，授庙堂二策，追思足令举朝哀。

邮传部员外郎章华

以劳定国则祀；

因事有功曰襄。

邮传部员外郎周嵩尧

于射策初即陈时政，其遗疏内尤念民艰，谠论忠言，与苏子瞻陆敬舆并读；

有数大事足当人心，无八百桑可称家产，丰功亮节，殆韩魏公武乡侯一流。

内阁中书署侍读卢兆蓉

体国矢公忠，扬历三朝维帝鉴；
养才为根本，瞻言百里痛人亡。
前军机章京主事许宝蘅

开府贵，枢府尤尊，三载盐梅资燮理；
帝星升，臣星继霣，一年弓剑遂攀号。
度支部主事邹祖荫

从来世变出讹言，大事更糊涂，翻恨老臣排众议；
一念至诚忧国是，九原犹愤懑，且付他人享太平。
度支部主事齐令辰

事事酌雅禀经，任欧风美雨之来，独撑砥柱；
念念忠君报国，化河岳日星以去，犹拱神京。
学部主事马邻翼

览东南半壁河山，故土依然，先生去也；
弼朝廷万年基业，愿祝再世，早降斯人。
陆军部主事步其诰、度支部主事马镇桐

名世间生，公实扬历三朝，安危所系；
大星忽陨，天不憖遗一老，中外皆惊。
法部主事罗天枢

是真理学，是古大臣，胜会一时魁五老；
不树党援，不殖生产，遗言八字足千秋。
邮传部主事夏和清

公真当代通儒，仰群书淹贯、八表经营，劝学尤能崇吾道；
世赖中朝夹辅，正一德明良、万邦时宪，鞠躬惜遽陨台星。
内阁中书金葆桢

办事难、晓事尤难，想年来何限危疑，赖一个读书宰相；
言之易、行之不易，看身后依然寒素，留满簏忧国文章。
中书王荣官

大道不衰，赖有所宗也；
世局始定，乃决然去耶。
礼部七品小京官乡愚侄苑钟山

勋名留晋粤江湖各省，仁声德政，四夷共仰南皮，旋闻身入秉钧，首编订宪纲法典，七万里白人虎视，方虞孤掌之难鸣，窃欣风度如常，立看事竣九龄，金鉴永垂唐相国；
渊博匹顾阎毕阮诸公，经济文章，一代咸尊北斗，洎至权操管部，益提倡旧学新知，五千里苍圣鸿猷，将辟全球而广布，那料天心不吊，转瞬谥隆两字，方徽近嗣左湘阴。
学部书记官鲁士简、李维藩

百世为儒宗，人纪未沦文未丧；
一楚横天下，万民恋母士恋师。
学部书记官湘潭朱士宜（集广雅堂诗句）

臣学信已劬，安攘未竟公遗憾；
人去吾安放，高寒天鉴一生心。
学部书记官张考绩（集广雅堂诗句）

身系安危，绝笔一诗，哀愤同倾天下泪；
爱如子弟，执鞭十载，公忠亲见个臣心。
记名丞参邮传部丞参上行走湖北试用道王孝绳

临大事、决大疑，安天下于泰山，至今民受其赐；
不树党、不殖产，盟臣心如白水，微公吾谁与归。
东三省总督锡良

庚子之役变出非常，维时公督楚甸、我辖秦疆，数千里羽檄交驰，幸得和衷全大局；

戊申以来担当尤重，际此外交棘手、内政撄心，一个臣华夷共仰，那堪尽瘁报先皇。

治晚生魏光焘

文昌应上相列星，缅宣仁初政耆勋，定无惭潞国起居、欧阳学术；

江左亦我公旧治，问仆射当年部曲，犹能说孔明故事、安石崇班。

晚生张人骏

勋名合伊葛而三，乐以天下，忧以天下；

学术萃亚欧为一，前无古人，后无古人。

晚生程德全

两后在天旋召相；

四民无地不思公。

太子少保头品顶戴前贵州巡抚旧属邓华熙

节旄驻晋粤吴楚之间，自足千秋，遽闻柱石中倾，天下同声惜贤相；

功业在曾胡左李而外，独居一席，并有文章不朽，史官特笔赞名臣。

旧属陆元鼎

继左湘阴膺易名旷典，文德武功，焜耀今古；

与李合肥称再造元勋，安内绥外，保厘东南。

出使日本大臣胡惟德

经营八表，依恋九重，斯言自定生平，旷世忠勋光日月；
屏除贪婪，登进廉正，一息不忘大计，弥留遗疏巩山河。
治晚生秦炳直

勋业震瀛寰，合今古人材，同归一治；
大名垂宇宙，与中兴元老，并峙千秋。
浙江布政使颜钟骥

遇合自比苏眉山，而匡时过之，勋名满天下，事业满边隅，经济宏敷，若论文章犹余绪；
才望远超唐燕国，惜入相晚矣，其生有自来，其逝有所为，典型不坠，长留歌泣在环球。
湖北布政使李岷琛

尊经功在川，救灾功在晋，御侮功在粤，安社稷功在鄂湘，两字易名，匪躬日下铭贞石；
理财无私蓄，用人无私函，荐贤无私交，慎赏罚无私喜怒，廿年属吏，陨涕风前落大星。
广东布政使陈夔麟

收京定策，口不言功，荐士孰分忧，坐觉梁公徒梦语；
继往开来，学只救世，距邪疑好辩，更堪孟氏绝微言。
旧吏前江西布政使沈瑜庆

鞠躬尽瘁，真古大臣风，若论事业文章，犹公余绪；
蒿目时艰，正为天下恸，况复感恩知己，重我悲哀。
直隶提学使傅增湘

身辅冲主，心系先君，忧国成劳，半夜大星凋汉相；
出督廿年，入枢三载，遗疏重读，九州齐泪哭温公。
山西提学使汪诒书

继中兴名佐，独有千秋，自是我朝真宰相；
合天下学人，同声一哭，岂徒垂老小门生。
江宁提学使陈伯陶

遗泽在江汉各行省为多，转移风气，早树先声，展布裕闳猷，放四海而皆准；
伟业继湘淮诸勋臣之后，宏济艰难，独参新政，存亡关时局，合大地以同悲。
兼署江苏布政使提学使樊恭煦

回翔枢阁，保障东南，系天下安危五十年，岿然鲁殿灵光，国粹赖公存，一代扶轮归大雅；
圣主幼冲，老臣凋谢，遍海内讴思四百兆，渺矣曲江风度，时艰谁共济，后来补衮望诸君。
署江西提学使林开謩

十桂论政要，五福治文书，随侍八年，惟见公心血多人数斗；
灵均忧时亡，武乡尽瘁死，远谋百世，知举国歌泣尚在他年。
湖北提学使高凌霨

大名垂晋粤湘鄂江淮，时势造英雄，历卅年力瘁封疆，勋业煌煌光简册；
善谥继兆福舒于长左，纶扉数人杰，信两字荣逾华衮，后先落落几文襄。
吉林提法使吴焘

以学问佐经纶，秉承一德、协和万邦，相业迈古今，公真命世耆英，共钦燕国文章、曲江风度；
识时务为俊杰，扬历三朝、卢牟六合，感情洽中外，我是受知弟子，忍睹抱冰堂宇、广雅诗编。

湖北按察使杨文鼎

时局愈艰难，借问苍苍者天，胡为不遗一老；
暮年蒙识拔，极目茫茫大地，相知更有几人。
四川按察使江毓昌

年垂八秩、位冠百僚，伊傅共勋名，将看图像麒麟阁；
南粤宣猷、两湖驻节，江山同啸傲，回想伤心鹦鹉洲。
广东按察使赵滨彦

中朝相司马，才听欢呼，谁知太华黄河，无复仰瞻居末座；
江左见夷吾，可堪回首，自愧竹头木屑，曾供驱使典方州。
署理江南江安粮储道江苏候补道王仁东

镇东南同陶士行，受寄托若武乡侯，遗表见孤忠，到死犹含忧国泪；
感知遇如富郑公，愧无才比石守道，秋风陨梁木，至今未报荐贤书。
二品衔正任江南盐巡道荣恒

岘首怆登临，湛辈追从，泪堕丰碑千祀远；
曲江吟感遇，杜陵家则，气含公鼎八哀终。
湖北巡警道冯启钧

侍节有年，亲炙饫聆居正训；
感恩无已，馨香长拜曲江祠。
湖北劝业道高松如

以务本端士习，以尽瘁报主知，根心术言，列传内合纯儒纯臣为一；
外则历总畺圻，内则平章军国，案勋名论，中兴后继文忠文正而三。

二品衔前湖南劝业道沈祖燕

从容承顾命，镇静靖危疆，伟略孤忠，能以经权安大局；

锦里幸识欧，金台重问政，千秋一别，那堪中外哭元勋。

贵州劝业道王玉麟

数十年恩荫何深，仰名世天生，仁风久布；

三千里哀音忽至，恨柬刍道阻，泪雨遥飞。

记名提督四川松潘镇总兵第八镇统制官奇穆钦巴图鲁张彪

国家赖股肱元勋，方期一柱擎天，支持大局，何意九京返驾，顿失名贤，斯时闻耗惊心，三复忠勤诸葛表；

江海戴相公恩泽，既佩两朝属望，展布奇才，更欣中外倾忱，同钦伟业，异日临风堕泪，千年功德岘山碑。

署江宁苏常镇总兵徐传隆

长江流域五千里而遥，赖夷吾固圉强兵，力挽狂澜资砥柱；

使相勋名三百年仅见，痛诸葛鞠躬尽瘁，从今中土失长城。

陆军第十七协统领孙铭

为学通汉宋，为政冠中西，一代大师成相业；

其德并宽严，其才兼文武，九州公论在人间。

江南苏松太道蔡乃煌

天挺人豪，一生落落原无竞；

谌惟故吏，百感茫茫愧所知。

湖北施鹤道曾广镕

九重涕泪伤心膂；

万古云霄一羽毛。

湖北施鹤道曾广镕

先帝弃臣民未一载，公蹑攀龙，正看日月重扶，平格空怀周太保；

荐贤列章疏者三人，我惭附骥，惟仰云霄万古，大名长拟武乡侯。

山东兖沂曹济道吴永

放怀纳五大洲有余，汇中东西以为学，纬武经文，岂仅争范韩勋业；

纵目观数千载之变，通天地人斯谓儒，震今铄古，应仍返河岳精灵。

山西归绥道胡孚宸

守商鞅之信而不暴，具介甫之才而不偏，变法胜前人，箕宿有灵善其后；

合汉宋诸儒以求通，考亚欧诸政以求适，救时失良相，泰山安仰哭非私。

花翎二品顶戴福建延建邵道彭述

经济文章，皆堪千古；

日星河岳，自在两间。

二品衔浙江温处兵备道郭则沄

华彝勋望垂千古；

兄弟裁成感廿年。

湖南衡永郴桂道谭启瑞

识时俊杰首推公，功全社稷、泽被民生，为名相且是名儒，尚论古人，勋业盖欧阳司马；

劝学篇章能醒世，身系安危、智周中外，总大纲更持大体，新褒天语，哀思遍四海九洲。

二品衔四川建昌道黄丙焜

文襄第七臣一个；（国朝汉人予□文襄者公居第七）
风度无双相两朝。

记名总兵陶森甲

儒雅表人伦，曾听清言霏玉屑；
安危关世局，共道黄花郁晚香。

二品顶戴四品卿衔广东候补道许珏

比尼山祷而生，前身后身见在身，去来今顷一弹指；
有周公才之美，乡望国望天下望，齿德爵兼三达尊。

花翎盐运使衔记名简放留直补用道傅屺孙

曾许为越石父脱骖，在昔德音何敢忘；
明知如范文子祈死，从今危局更谁支。

二品衔直隶补用道洪述祖

是文宣之功臣，著手无分新旧派；
以武侯为畏友，鞠躬尽瘁后先同。

凤凰城税捐总局总办留奉补用道史善诒

公乃朝中柱石，方冀宪政垂远猷，何议会未开，竟令先帝与荩臣同赍遗恨；

我乃楚北儒生，曾以文章受知遇，缅典型尚在，愿随吾党补相国欲尽功勋。

吉林候补道曹廷杰

有才名世、以学匡时，历晋粤鄂宁疆寄，人赞纶扉，陈录建殊猷，金鉴早推张相国；

联美萼楼、总流枢府，正朝野上下心倾，遽骑箕尾，易名垂令典，旂常宜并左文襄。

吉林候补道钱宗昌

立言居不朽之三，秉节钺、赞枢机，时局正艰危，莽莽神州，公方砥柱中流，遂令日月重光、江河万古；

事君则至死无贰，建新猷、存旧学，暮年期尽瘁，茫茫世界，天不憖遗一老，顿使华夷堕泪、朝野伤心。

江苏特用道吴庚辛

伟哉为中国开拓万古心胸，举学界军界商界政治界庶务咸新，若谓文德不如武功，悠悠之口，何足恤也；

呜呼伊古来端揆百寮师长，合疆臣使臣枢臣侍从臣一身兼有，岂仅博闻而能强识，蹇蹇匪躬，谁其嗣之。

江苏遇缺即补道李维翰

武乡侯报国精忠，枢府借前筹，遗奏宛同出师表；

严郑公平生幽兴，草堂留后约，伤心为读少陵诗。

江苏候补道吴学廉

知中国大有人，名动九万里环球，四裔皆怀司马德；

以天下为己任，呕尽一个臣心血，后来谁嗣范公贤。

江苏候补道王曜

真儒事业，笃裕本原，缅当年抚晋遗规，沃润沛先河，凡奠三江、靖重湖、绥百粤，经世远猷，翕从诚民利物之旨，推嬗而来，愿天下读书人，勿看成两截；

诚臣设施，恫完晚节，念仓卒安刘大烈，艰危措磐石，与汉本始、唐永贞、宋治平，定荥元老，力争补天浴日之功，担当以去，非古之名世者，孰辨此千秋。

江苏候补道许夔

相业迈曲江、江陵而上；
学术在新安、安定之间。

江苏候补道吴璆

五百年名世，应川岳灵秀而生，道德文章，海内仰泰山北斗，由封疆洊登端揆，威扬华夏、声震寰区，方冀魏公风度、诸葛经纶，正笏垂绅，重睹兴朝气象，讵料台星忽陨、柱石偏倾，东亚失贤良，中外士民同一哭；

四十载元勋，实朝野安危所系，恩荣际遇，人间极富贵神仙，忆曩昔侍从襜帏，猥以菲材、深感知己，甚幸潞国精神、汾阳福禄，奉觞晋爵，祝将上寿期颐，何意暂隔蜺旌、倏闻鹤驭，大名垂宇宙，馨香俎豆享千秋。

候补道李宗棠

文章道德，庐陵复生奄一去而莫追，学者皆为天下恸；
谨慎忧劳，武乡以死报先帝之殊遇，苦心惟有古人知。

江苏候补道崔来临

房杜相业、伏董儒宗，国老重三朝，岂徒中外瞻依、东南保障；

虞夏开庠、周孔布宪，元臣殂一个，想见庙堂吁咈、垧野哀吟。

二品衔江苏补用道梅光远

安内攘外，劳苦功高，为国惜公，岂感恩私方陨泪；
守旧维新，调和心悴，忧时成疾，始知忠爱本忘身。

江苏候补道庆锡庚

文采照华夷，更政学旁通，只手重扶鳌立柱；

深期托江海，祝忠魂呵护，遐心遍覆蜃生楼。

江苏候补道夏时济

瞻乔岳仅一面缘，为天下苍生恸亡元老；

未盖棺有千秋责，顾域中今日谁嗣斯人。

江苏候补道吴颐

其经术在疏议礼典，其远猷在保定东南，我欲瞻四方，沧海几回知己泪；

于文章则锤冶韩苏，于治略则伯仲伊吕，天不遗一老，燕台八月雪飞寒。

前湖广督院文案安徽试用道陈毓华

力转乾坤经百变；

身休君国足千秋。

湖北侭先补用道杨汝康

建节拟林胡，师资不远，深契平生，虽武乡管乐自比，未足颉颃，定论在千秋，伯仲直追伊吕烈；

登堂随观觐，德教亲承，恍如昨日，缅温国尧舜欣逢，正殷倚畀，中朝遗一老，天公何靳富文年。

湖北补用道王元常

魂魄有知犹登岘山，羊太傅未忘旧治；

庶政躬亲不舍昼夜，司马公同此忠清。

湖北候补道李孺

感恩知己，自昔难兼，忆年来备承宏奖；

鞠躬尽瘁，死而后已，惟我公克副斯言。

湖北候补道杨觐圭

言旧学则功在继往，言新学则功在开来，辅相财成，金鉴千秋光日月；

其居官则不树党援，其居家则不营生产，公忠廉正，丹心万古照云霄。

湖北候补道黄以霖

经营曶昧屹然壮，南服屏藩江汉十年，堕泪重镌羊傅石；

付托艰难正未竟，老臣开济云霄万古，鞠躬俄霣葛公星。

湖北试用道黄绍第

时局创数千年未有之奇，沧海横流，独为斯文维命脉；

勋业踵十二贤大名而后，江山遗爱，长留奥略壮风云。

湖北试用道李宝淦

元老身立四朝，北斗忽沉，吾将安仰；

天下才共一石，南皮重望，谁其嗣之。

沙河税务总局总办广东即补道李凤年

一代伟人，中外大名垂宇宙；

五年宪府，衰迟无术答涓埃。

广东补用道故吏王存善

北斗泰山，曾识当年丰采；

炎风朔雪，犹传上相起居。

广东候补道李哲濬

万里我来迟，空承知遇虚名，半世帡幪成幻梦；

数年天不假，适值阽危大局，中流砥柱更何人。

二品顶戴选用道刘庆汾

千秋相业、一代儒宗，筹笔际艰危，最难忘绥靖江淮，力全南服承平局；

九陛温褒、五洲哀感，骑箕关运会，独追忆趋陪帷幄，曷罄西州恸哭情。

丁忧候选道徐树锷

薄海仰文宗，亦名儒，亦名相，勋业历三朝，内政外交，幼主方将元老待；

中流资砥柱，是经世，是经师，声华驰万国，欧香美楮，使臣尤当古人看。

世袭一等子爵委用知府李长禄

天生异人，具匡刘韩苏李郭才猷，艰难宏济；

民思遗爱，合燕晋吴楚蜀粤数省，尸祝弗谖。

署理山西蒲州府知府何见扬

硕画更何施，苦衷留遗疏一封，冀回造化；

人心原不死，悲感到瀛寰列国，咸识忠贞。

山西知府沈士鏶

与伊训说命相方，登廉屏贪，知初政清明，端资元辅；

为四海九州文式，抚众威敌，愿乡邦兴起，常奉良规。

江宁府知府杨钟义

公诚金汤大局臣，匡济忧危、扶持名教，家仍清素、朝赖孝慈，暌违几何，去岁独瞻依北斗；

我亦桃李一分子，溯洄汉水、景仰钟山，法立宪章、学存国粹，著述云富，此日空泪洒南皮。

江苏候补知府施焕

中学合西学兼营，数千年国粹犹存，经济不输曾太傅；

保土与辟土并重，四万里皇图永固，勋名直迈左文襄。

江苏候补知府李雋

融新知旧学以匡时，蹇蹇孤忠，薪胆都忘门户见；
维世道人心而忧国，侃侃遗疏，箴规应作训谟看。
安徽知府谢宗诚

制粤江鄂三府，屹若长城，勋业炳东南，大略雄才为世用；
后曾左李诸公，岿然遗老，声威播中外，鞠躬尽瘁有天知。
江西广信府知府关榕祚

三朝元老、一代大儒，应如阁画凌烟，铸像永铭丞相业；
祖忝同门、孙承庇宇，曾记堂登绿野，感怀犹及故人诗。
江西知府李炯

正气本同文相国；
大名何异武乡侯。
盐运使衔两署湖北宜昌府知府云骑尉丁柔克

距先帝崩殂十一月，尽瘁而亡，耿耿孤忠，遗疏尚筹军国事；
正立宪预备第二年，大纲未定，茫茫新政，典型安有老成人。
署理湖北施南府知府补用知府金世和

追随历江楚幽燕，感廿载订顽砭愚，分虽僚属，谊同师弟；
勋望媲曾胡左李，痛一旦山颓木坏，斯文将丧，砥柱何人。
三品衔湖北候补知府张曾畴

鄂渚供差十六年，未报涓埃，渥承巽语褒嘉，惭滋老练；
京华违侍三千里，倏传噩耗，固应天颜震动，痛失阿衡。
丁忧湖北候补知府彭觉先

荀扬经术、班马文章，儒林学海尊山斗；

日毂亲扶、星枢独运，盛德元勋载鼎彝。

广东补用知府毕昌言

问江汉间有数畺臣，自湘乡益阳以还，功可补天，当代几人支半壁；

值新旧学交争时会，就道德文章而论，势将坠地，赖公一柱砥中流。

前署广西柳州府知府李曰谦

纪河间之绩学，阮兰征之研经，盘沱老人之清操，身兼道德文章，沧海横流谁继起；

奏议若苏长公，绥边若王阳明，定大计若韩魏国，功在生民社稷，龙门不见我安归。

特用知府张绳祖

维公蹇蹇匪躬，不树党援诚共信；

念我茕茕在疾，未酬知遇恨来迟。

分省知府许宝芬

泛江汉达天河，青眼优加，何知一介寒儒，许挈防军当外阃；

倾栋梁摇地轴，黄肠荣锡，恰值百年旷典，亲瞻灵爽祀中闱。

候选知府陈懋森

一石才名高北斗；

三年舆颂属南皮。

东安审判厅民事推事长留奉补用同知黄世阶

生事两宫，死事两宫，燮理阴阳弼帝赉；

降世八月，谢世八月，云璈奏曲领仙班。

沙河税务局提调山东补用同知茅恩荣

此人迈尧舜禹汤良弼，此身系人民社稷孔长，立功立德立言，濯濯厥灵，足三不朽；

至诚暨寰球薄海弗遗，至道存国粹儒宗永固，得位得名得寿，休休元度，仰一个臣。

江西南昌府吴城镇同知曾森湝

渤澥河间，身归帝眷；

金瓯玉烛，谁嗣公功。

署湖南永绥直隶同知董鸿勋

名业与姚元之、陆敬舆相颉颃，当大任有大勋劳，万口交推南皮一老；

师友以胡文忠、彭刚直为绳尺，外治兵内治政事，鞠躬尽瘁广雅千秋。

武昌同知陈为镛

蓄道德而能文章，宗仰遍全球，岂惟先世知公，甘让东坡出头地；

既弥留不忘规谏，懊咿读遗疏，谁似老成谋国，每依南斗望京华。

准补广东南澳同知徐德葆

树绩中朝有张韶州之风，遇主独隆，时较难耳；

易名千古与左湘阴同谥，论功许埒，文且过焉。

江苏候补同知杨逢春

卅载领封疆，坐镇东南，兴利兴学，人情岂同好恶，当兹时局，一柱独擎，寰海致升平，无愧盛名盈宇宙；

两朝持宰辅，经纬区夏，立德立言，天下倚为安危，胡不憖遗，大星遽陨，旧僚增感痛，追维绘像肃清高。

江苏补用同知方悦鲁

仗钺领晋粤吴楚，陶侯建义、姚相救时，应名世者五百年，是之谓大同，仰望若泰山北斗；

立朝作耳目股肱，方叔壮猷、宣公奏议，讫声教于亿万里，不慭遗一老，呼号遍郢树荆门。

湖北候补直隶州知州周縠生

公论在人间，处从新去故之交，只手扶危，未可模棱非味道；

天恩逮泉下，援因事有功之义，易名表异，不惭威望匹湘阴。

江苏候补直隶州知州王渭贤

平生遭遇两文襄，那堪听鼓金陵，鬓丝似雪；

举世推崇一元老，遽尔乘槎银汉，心事如潮。

江苏候补直隶州知州陈嘉谷

望重华夷，生荣死哀，五大洲同吊；

勋隆辅弼，外交内政，一个臣独优。

湖北补用知州魏仲青

朝内赓歌扬拜不乏耆贤，惟我公阐发新知，读上下劝学两篇，济世匡时钦伟论；

生平事业勋猷都饶书味，厥志在保存国粹，看几许过江名士，横经洒泪哭斯文。

驻日使署二等书记官林鹍翔

上为德，下为民，胡天不慭遗一老；

可托孤，可寄命，宰相须用读书人。

江苏候补通判彭鸿年

公为朝廷累代重臣，弭大难定大策决大疑，回首当时，报国孤忠能有几；

我偕弟侄同声一哭，爱如父慈如母严如师，伤心此后，感恩知己再难逢。

江苏候补通判胡子勷

北人为相二百年，见是真才，国事正艰难，方期景运长昭，庶类重甦天下雨；

列强环邻三万里，赖兹元老，宪纲才整比，胡乃昊苍不吊，穷秋忽陨上台星。

江苏候补通判陈世澄

是名宰相、是古大儒，坤转乾旋，常留竹帛奇勋，一代中兴说良辅；

为后学悲、为天下痛，山颓木坏，岂特葭莩戚属，千秋高义感平生。

江西候补通判刘修鉴

一生低首是林胡，总不负古昔先民，又岂独燕国词臣大手笔；

两字易名齐靳左，问谁属危疑重事，直比于魏公枢密同平章。

江苏试用直隶州州同夏正彝

宫廷方大任任公，处为名儒、出为名臣，惟尹躬实左右阿衡，三万里寰海经营，别有端居深念事；

畴昔以直谅谅我，相期若师、相知若友，于汲生独优宽礼数，十七载春风违侍，难忘便坐雅谭时。

属吏陈豪

闳毅公忠，卅载宣劳资擘画；

正直廉洁，一封遗疏寓箴砭。

补用知府山西徐沟县知县张良栝

公真社稷重臣，那堪秋雨凄凉，忽失朝廷谋国老；
我亦枌榆下士，向被春风嘘拂，曾为丞相执鞭人。
分省知府湖北补用知县张鼎立

综论生平，可以媲美湘乡，讵意易名同恪靖；
将来食报，若不配享太庙，合当从祀继睢州。
分省知府湖北补用知县张鼎立

槃材宏保辅四十年，正明良交庆任重股肱，何期遽往骑箕，调鼎更谁医国手；
小草荷栽培廿余载，感教养兼全视同骨肉，堪痛未能执绋，衔环空切报恩心。
候选知府湖北补用知县杨鉾

看频年力瘁黄扉，病榻弥留，犹草遗章谋国切；
以末吏追随白下，风尘潦倒，迄无建树负公多。
江苏补用知县邹健鹏

嗣皇继圣，国粹保存，枢密中独运讦谟，列传应编名宰相；
时事方艰，老成凋谢，朝野间都为痛哭，伤心何止感恩人。
花翎同知衔江苏补用知县周槐荦

精灵降崧岳，为圣清河山生色、倚若长城，试看海水群飞、辑绥夷夏，封疆扬历、参酌经权，洎入赞钧衡，尤资顾命元勋，瘁鞠躬纾筹全局，胡乃上尊方赐、一柱终倾，长教盖代闳规，万古云霄，手笔矞皇高北斗；
下吏困风尘，沐我公霖雨滋恩、不遗小草，忆昔分防鄂渚、夙禀辰谟，区画皖堤、蒙褒亥步，感澄怀冰鉴，惟祝耄龄贤相，补衮阙翊运中兴，讵知鼎席增荣、台星遽陨，肃拜宗臣遗像，九秋霜露，哀音悽厉遍江南。

江苏补用知县朱永锡

是先帝顾命元臣，辅幼主鞠躬尽瘁，绝党援正色立朝，出入将相四十年，允矣功垂不朽；

为万姓再生慈父，支危局保障东南，持大体戢绥中外，上下长江七千里，大哉德无能名。

江苏候补知县谢恭懿

四文忠公所师承，林胡事功、欧苏词翰；

两大政真无遗憾，议礼章疏、定策勋名。

江苏候补知县李岳蘅

硕学贯中西，卅载宣猷，绿野同怀裴晋国；

大名垂宇宙，四方多难，苍生齐哭范希文。

江苏候补知县陈国培

国弱群思贤宰相；

心丧我愧小门生。

两湖书院毕业生江苏候补知县彭方傅

一息尚存，爱国频呼行宪政；

九龄已逝，问谁继起救时艰。

江苏试用知县徐全庆

出任釐圻、入登钧轴，关系安危，大机括在保障南方、斡旋北极；

主持政典、总揽文明，动扬中外，备哀荣当声摇天宿、涕满坤舆。

江西南昌县知县郑辅东

为国家元老、为学校儒宗，勋业炳旂常，天语煌煌褒两字；

是河岳奇才、是古今硕望，盐梅调鼎鼐，大名赫赫播千秋。

江西补用知县严葆镁

诸葛勋名垂宇宙；

魏公中外系安危。

江西补用知县洪曰洵

诸葛公忠，希文忧乐，赞皇筹策，士行精勤，僚椽旧叨陪，亲看祖逖闻鸡，中宵起舞；

叔敖身世，清献风规，傅说英灵，郑侨遗爱，玉人原不死，为问令威化鹤，何日归来。

湖北江夏县知县杨寿昌

绍正学心源，著书立说力挽狂澜，缅先朝纂订同流，可与班马程朱，并列一代儒林之传；

佐中兴盛治，内政外交独抒谠论，追没世芳徽远播，不仅曾胡左李，克增千秋史乘之光。

前署湖北应山县知县孙蓉

江汉湖山流泽远；

园林草木入秋悲。

湖北公园补用知县王亿年

独抱冰心弥浩劫；

犹存风度系讴思。

湖北统捐局提调知县黄仁荻

三朝元老，谋国忧勤，自兼圻入赞纶扉，钜任力担当，帝倚孤忠、人思遗爱，大文章大经济，值往岁拳氛衅起，糜烂燕山，半壁剩东南，公能只手匡扶，看九重予谥，两字荣褒，留不朽勋名，归路永无毫发憾；

一介书生，遭时阨塞，荷特荐叠膺民社，嘱词犹记忆，勉为良吏、毋坠前光，是化雨是慈云，到今朝丞相仙游，凄凉楚水，瓣香吊京洛，我独椎心痛哭，更雁阵衔恩，乌衣被泽，感非常优遇，抚棺还作断肠声。

湖北尽先补用知县胡子功

决大疑定大计，功在社稷；
生也荣死也哀，望重裨瀛。

湖北属吏胡棣华

侍帏幕四年，知匡济学问文章，如日月经天、江河行地；
佐中兴一统，有事业勋劳忠荩，为人臣树的、中外垂型。

湖北补用知县陈有林

一身系天下安危，不树党援、不谋封殖，惟有鞠躬尽瘁，竭矢生平，遗疏表孤忠，岂徒江汉讴歌，策勋远媲桓公传；
十载荷名贤知遇，勿忘菅蒯、勿弃葑菲，似兹德溥恩洋，久铭衷曲，骑箕惊噩耗，僻在岘山司榷，堕泪重镌叔子碑。

湖北补用知县曾辅翼

大节齐韩魏、奥略如陶桓，论保障奠定之功，方驾昔贤真不忝；
孤忠继林胡，正学超纪阮，当沧海横流之会，远寻坠绪更何人。

湖北候补知县刘承绪率子宗彝

鹤垣曩岁得依贤，早钦伟略沉几，能扶大局；
象魏新章筹立宪，此后民生国计，更赖何人。

同知衔湖北补用知县李元音

建勋劳于国、树功德于民，忆东南大局安危，岂独私恩增感泣；

竭股肱之力、效忠贞之节，听朝野同声哀悼，定知他日更追思。

湖北补用知县宋绍锡

政学以胡益阳、陈东塾为宗，忆江汉服官，曾闻伟论；
先后与李邺园、左湘阴同谥，正亚欧多故，畴拯时艰。

湖北试用知县戴德诚

伟绩炳东南，与湘阴相公不朽；
至忠扶社稷，是益阳弟子真传。

湖北试用知县沈宝枢

与纪河间学术略同，更万国交通，总览群言衷至圣；
比苏玉局事功独迈，溯先朝知遇，犹闻遗疏念宣仁。

河南补用知县桂邦杰

声名勋业播寰中，外攘内安，惟左相李侯堪并不朽；
故吏门生遍天下，荐贤为国，岂微员下士足罄哀荣。

广东候补知县任玉衡

有猷有为有守，勋业在东南，继左文襄独膺上谥；
能天能地能人，经权通常变，为我国家痛惜斯人。

甘肃金县知县张体信

正学术、正治术、尤正心术，易箦道生平，未竟全功犹遗恨；
不争利、不争名、不争闲气，立身无奇异，愿持此语告时贤。

候选知县徐台俊

四朝元老、一代伟人，燮理抱孤忠，永奠河山巩磐石；
荆楚饮和、江淮食德，追随悲往事，只悬樗栎托帡幪。

江苏盐城营守备马立朝

通经学古、行道救时，忆廿一年前训勉殷勤，痛广雅心传，空怀立雪；

独保路权、力存国粹，当二十世纪纷乘变故，问中流手挽，谁嗣遗风。

江西候补州判刘树杰

同归瞻鼎湖，神州多事光阴少；

良干为榱栋，庙堂端费斡旋功。

分省知县湖北补用府经历刘明毅（集广雅堂诗句）

看京汉三千里轨道绵长，利国便民，特开风气，兴制造、设纺织、立学堂，新政而今称独步；

历中外数十年勋名洋溢，经邦论道，出自肫诚，富文章、宏干济、严操守，哲人其萎哭同声。

署两淮泰分司何垛场大使彭长庆

霖雨四朝恩，骑惊箕尾神，依想一德方咸，天上应留眷念；

长风万里浪，泣共彭蠡波，诉问五洲多故，中原谁嗣均平。

保送候补县丞举人郑衍炜

学本诚正修齐，在天为日，在地为岳；

化成立道绥动，其生也荣，其死也哀。

江西补用巡检陈治安

枢赞三朝，名在千秋，以未得仰瞻为恨；

天遥万里，香升一瓣，写空存敬祝之心。

江西德安县典史钟华嵩

筚路蓝缕以启山林，古之遗爱也；

声名洋溢施及蛮貊，民无能名焉。
湖北学务、劝业公所科员黄曾枚

杜佑通才韩相业；
武侯心事定公年。
江西警务公所卫生科副科长李敬曾

汉江遗泽孔长，回瞻大匠门墙，弟后兄先沾化雨；
魏国勋名犹在，谁作中流砥柱，外交内政踵前徽。
江西巡警正区官佘寅中

勋望满瀛寰，绝域仰中朝人物；
英灵归天上，他年拜丞相祠堂。
江西巡警教练所所长郭本章，教员卢由涧、王维藻率同全体学生

四朝元老、一代伟人，异学正争鸣，力扶忠孝纲常，千古斯文瞻北斗；
中外交推、君民咸赖，昊天胡不憖，目系闾阎饥溺，数行热泪洒西江。
江西警务公所黄绶

廊庙著勋庸，功高召伯；
荆襄资镇慑，望重陶公。
两江督练公所差遣委员凌昭

天子独怜才，恨不拳碎玉楼，生还宰相；
万民齐赎命，直欲哭干银海，上愬穹苍。
奉天沙河税务总局委员李林滋

名垂宇宙、言炳日星，遗疏见孤忠，神犹依两宫左右；
识彻中西、政融新旧，苦心维世局，功不仅半壁东南。

属吏庆春

有立德有立功有立言，吾见其人，吾闻其语；
掌邦治掌邦教掌邦政，其生也荣，其死也哀。

拣选知县许同莘

当年以末学登堂，订顽砭愚，追忆流风感今昔；
随事见老臣忧国，独居深念，每闻微语怆天人。

拣选知县许同莘

生有自来，死而后已；
斯文未丧，吾道益孤。

世愚侄荣庆

大厦赖扶持，韩魏公、杨新都以来，无此伟绩；
乡邦相辉映，王宛平、李文正而后，更得斯人。

世愚侄徐世昌

寻诗江令宅，筹笔庾公楼，宦迹久相从，万古云霄成一瞬；
早岁贾生书，晚年诸葛表，时艰方待补，巨川舟楫失同心。

愚侄端方

重任似陈文恭，好古似阮文达，爱才如命似胡文忠，若言通变宜民，闳识尤超前哲上；
使蜀有輶轩语，督鄂有劝学篇，余事作诗有广雅集，尚冀读书论世，后贤善体我公心。

世愚侄严修

道德博闻曰文，因事有功曰襄，君予易名臣副实；
不殖生产为忠，不树党援为正，生荣八表死千秋。

世愚侄杨士琦

育才劝学，以一身担荷斯文，抉经心而执圣权，在天成日星气；
变法图强，先群公首陈大计，翼旧邦而扬新命，于古为社稷臣。
世愚侄周树模

大局系东亚半洲，九万里美雨欧风，亲向上天扶日月；
僦居近西涯一角，三十年出将入相，依然无地起楼台。
世愚侄朱益藩

有大勋于国家，后顾千秋公不朽；
以精气还天地，神游八极我何依。
世愚侄乔树枏

亦贤相亦通儒，公论早闻中外；
无党援无生产，臣心可质帝天。
世愚侄江瀚

是一代大儒、两朝良相，由词馆领廿七年兼圻节钺，爱君爱国爱民尤爱士，门罗俊彦，为圣天子辅治宣猷，鹗荐记频邀，我独感恩哭知己；
溯拳氛构乱、强敌兴戎，本赤忱捍六千里半壁山河，保吴保楚保越以保华，手挽乾坤，与先文忠济时同志，鸿名垂不朽，公真传业媲前贤。
散秩大臣三等男爵邮传部右参议世愚侄胡祖荫

封疆坐镇，军国平章，四十年殚虑竭忠，易名近符左恪靖；
华盖论思，承明著作，五千卷撑肠拄腹，遗集上继王文成。
世愚侄吴鲁

扬历中外四十年，可以寄命托孤，君子人也；
保障东南数千里，居然泰山磐石，兆民赖之。
世愚侄徐定超

观新学旧学之通，独标千古；
继李公左公而后，当代一人。
世愚侄史履晋

学贯古今，才兼将相；
名垂宇宙，气作山河。
世愚侄王金镕

内无余帛，外无余财，诸葛清操，请征遗表语；
先天下忧，后天下乐，希文所志，自做秀才时。
世愚侄蓝钰

柱石朝端留相业；
典型海内失儒宗。
世愚侄柯劭忞

保存旧学，启发新知，生有自来，实关运会；
功在安邦，心劳忧国，死而后已，无愧公忠。
世愚侄刘嘉琛

相业自千秋，问时艰后济其谁，衮衮登台劳我想；
儒宗人共仰，慨国学仅存如缕，茫茫坠绪赖公多。
世愚侄谢崇基

千秋世业齐先德；
一代文章数正宗。
世愚侄左孝同

一身系天下安危，愧我难称后起；
屈指数当时贤俊，如公能有几人。
世愚侄孙毓骏

中华大局系安危，如公望重三朝，岂独才名高北斗；
天下苍生仰丰采，恨我缘悭一面，空将热泪洒西风。
法部郎中世愚侄张其镃

维持国政苦心多，终能使大局危而后安，经济文章，千秋不朽；
爱惜人才今代少，更难忘小子蹶焉再起，感恩知己，卅载愈深。
湖北候补道世愚侄严开第

时会际艰危，联军构衅，两宫蒙尘，独能挈东南半壁以还之朝廷，安土保民，江督忠诚同卓识；
家庭征福寿，早步金门，再持玉尺，更历任封圻卅载而入参枢密，鞠躬尽瘁，难兄文达有前规。
从一品封职前江苏候补道世愚侄欧阳霖

功在社稷，学贯天人，与余姚湘乡为伍；
勋列旂常，名垂简册，配黄河泰岱而三。
世愚侄李葆恂

筹国帑、定军制、兴学堂，九年以内，次第安排，八表费经营，从此立宪肇基，允推巨擘；
始鼎甲、继封疆、终宰辅，六尺之孤，先朝付托，一旦遽溘逝，当亦满襟洒泪，恨卸仔肩。
世愚侄潘江率子毓椿、毓栎、毓桂、毓相

慈语褒公唐李揆；
清名传世汉韦贤。
哈尔滨兵备道参谋官前充湖广督署文案候选员外郎世愚侄毕光祖

歌诵一匡，殷忧微见碎金集；
云霄万古，托契余瞻奥略楼。
世愚侄陈三立

建言明道，丰裁惟韩范相侔，羡遭际特奇，竟合两贤为一传；
同直天章，交谊如尹欧有几，痛弥留已迫，尚寻遗集问先铭。
世愚侄张志潜

朝廷竟无有白首骨鲠耆艾魁垒通古今忧国之大儒，昔闻斯语；
平生以未与故乡子弟斋韝鞠跽持几杖从公为私憾，兹复何言。
世愚侄唐烜

文章为千古真传，惧圣教将湮，独任仔肩存正学；
经济在两朝垂统，当大疑既决，常持谠论佐中兴。
法部第三初级检察厅检察官世愚侄呼延桢

能肩得起世界人群，大地茫茫，天下安危弱一个；
放心不下主权国是，遗谋耿耿，身后从容奏两宫。
世愚侄张梅本

为相兼为将，相能救世，将能安边，何期大海星沉，顿失萧曹贤宰辅；
有子亦有孙，子已登科，孙已拔萃，惟望德门日盛，敬承姚宋旧家风。
世愚侄王钟正

俾小子后生，盲无趋向；

为一家天下，哭遍公私。

世愚侄张以南

文献值过度之秋，祭酒坛空，旧学新知齐泪下；

襄赞在安危所系，明堂位定，黄支乌弋并心惊。

乡世晚高润生

椽笔文章唐燕国；

箸筹帷幄汉留侯。

世年愚侄杨士燮

新说世离士欲狂，可怜太学门前，惠我后儒无定本；

穷途落拓吾将老，止合名山深处，抱公遗集便终身。

年世愚侄余炳文

用天下财而家不丰，进天下才而心无私，遗疏两言，直使精忠贯日月；

谓我叔贤则幕僚辟，嗟我叔亡则孤露恤，识荆一面，空怀高义薄云霄。

江苏候补道年世侄袁照藜

盖世勋业，三代两汉有几人，即今十省士民，岘首惟因公堕泪；

稽古褒荣，名臣大儒同一传，忝列廿年弟子，扶风曾许我登楼。

道员用浙江保送知府年世愚侄桂坫

李元礼丰裁故峻，谊笃通家，投刺许龙登，北海有缘被容接；

谢安石勋望俱高，位跻台辅，止舆应鸡梦，西州从此怕经过。

年世愚侄丁同绍

济时良相，经世通儒，与韩魏公并有千古；
早发高名，善全晚节，是裴中令以后一人。
年世侄李继沅

山属岱、江属岷，论经济文章，当世斯为君实正；
水有源、木有柢，问胶庠塾序，中原谁达道真词。
年世愚侄全治

学方战五洲，普及教育孰主任；
天不遗一老，颠危时局谁扶持。
乡年世晚李綍

科名擢上第，宰辅献嘉谟，数十年中外交推，两江两广两湖，均膺兼阃；

柱石重朝廷，楷模式乡党，七旬余老成在望，爵一齿一德一，无愧达尊。
世年再侄徐谦

扬历中外，社稷以安，夹辅两朝缅周召；
表里山河，东南无恙，勋名千古重刘张。
世年再侄徐谦

千秋宝录传金鉴；
一片冰心在玉壶。
年世再侄胡树人

采南皮之高韵；
招北阙之忠魂。
乡世再侄孟广慧

重入京门，从此士无谈走处；

横流沧海，哭公吾为国民哀。

世再侄于式枚

丰润早蹶，义宁晚屯，更谁戮力神州，一老慭遗，剥果蒙泉关世运；

仪征孳经，湘乡求阙，当代盱衡人物，斯文未丧，风流儒雅亦吾师。

世再侄郭曾炘

开济若益阳胡公，从武昌规画寰区，忧乎远矣；

淹博如河间纪氏，由中学兼综西政，殆或过之。

世再侄郑沅

匡时苦费调停策；

绝笔惊看讽谕诗。

民政部左参议世再侄汪荣宝

一息弥留，不忘军国天下事；

两宫降鉴，眷怀柱石老臣心。

分部郎中世再晚于翰笃

士宗北斗，国倚长城，砥柱失中流，人悲相臣，我悲道统；

身历四朝，手援二圣，委裘定大计，古有忠献，今有文襄。

花翎二品顶戴江西候补道世再侄张元懋

备清慎勤以居官，名臣大儒，合为一传；

立德功言为不朽，出将入相，翊我三朝。

世再侄单祖诒

名宰相以寿终，一身系天下安危，仗此丹心酬幼主；

先大夫为国死，遗集非我公点定，谁加青眼到王孙。

愚再侄宗室橘涂

以道匡时，以礼自任，治术率本经术；
不树党援，不殖生产，冰心即系公心。
再侄王恭爵、陈其采

少壮时馆阁偕登，公学贯古今，治理深谙，独抱奇才堪柱国；
夏秋间膏肓同病，医遍求中外，灵丹安在，余留后死最伤怀。
年愚弟孙家鼐

天人三策士无双，记附骥显名，秘殿挥毫曾秉烛；
辅相两朝勋第一，怅攀龙余痛，神霄扈跸竟骑箕。
年世侄周天霖

学贯古今，望隆中外，治尚兴革，策主富强，真宰相气运所关，朝端更有几元老；
南疆保障，商约纡筹，轨政观成，铁官大举，想当日艰难共济，世间又弱一知音。
太子少保尚书衔邮传部右侍郎年愚侄盛宣怀

国赖纪纲存，密勿尚期公补救；
人悲耆旧少，艰危谁与世扶持。
年愚侄吴郁生

古今几许人才，贾董之文、房杜之业、陶庾之勋，一个能容兼众美；
江汉长留遗爱，军学有堂、丝麻有局、枪铁有厂，萧规具在愧曹随。
年愚侄陈夔龙

兼魏柏乡、朱大兴、纪河间之长，北学起衰关运会；

继文文忠、左文襄、李文正而后，神州多故见经纶。
年愚侄宗室宝熙

本儒术以润色经猷，旧学新规，先路早开群俯首；
论政体必辨严天泽，独居深念，夜谈回忆倍伤心。
年愚侄宗室宝熙

居大任存恐惧心，慎如诸葛，迂如司马；
办官事有诗书气，度若永叔，才若东坡。
年愚侄谭学衡

宗社际忧危，只手孤擎心已瘁；
追随恨疏阔，万方一概道何之。
年愚侄戴展诚

片语入人心，慨念东南民力竭；
千秋论相业，较量唐宋主恩多。
大理院推丞年愚侄汾阳王式通

若当日无与定大计大疑，国事宁堪设想；
在此时方共幸已安已治，公病乃觉难为。
年愚侄宗室文斌

系斯文绝续之交，惟此老成，瞻言百里；
际国步艰难之会，不动声色，出入三朝。
年愚侄张世培

典型犹存，我公不朽；
梁木其坏，吾道益孤。
年愚侄赵炳麟

想风采于三十年前，老未见公，恐把呈身羞御史；
频颠危者四百兆众，死犹忧国，空瞻遗像拜宗臣。
年愚侄江春霖

父老亦知思宋璟；
疏章深愧奖虞卿。
年愚侄黄瑞麟

问天下有人无人，而公已矣；
正斯文将丧未丧，此后伊何。
掌江西道监察御史年愚侄赵熙

文章华国，学问冠时，斯世有模楷，钜制同符韩吏部；
柱石功高，钧衡望重，此生为社稷，宣勤合拟武乡侯。
掌贵州道监察御史年愚侄齐忠甲

鸣鸟复闻，顾命人思周太保；
白鸡忽梦，劫年天厄谢东山。
年晚生温肃、尹庆举

力保东南，使山河如故，领土完全，遗爱千秋应铸象；
策安宗庙，正匕鬯不惊，强邻静息，孤忠一恸竟从龙。
四品卿衔东三省正监理官年愚侄熊希龄

四十年扬历中朝，政府懋勤施，耆硕共钦文富望；
千万间庇寒广厦，士林诵遗爱，世交况附纪群行。
年愚侄秦曾潞

盛业所留，犹堪想燕国文章、曲江风范；
忠忱未竟，更谁辅周成圣治、姬旦贤劳。

分部员外郎年愚侄梅庆源、郎中梅台源

本宰相才任天下重，数十年经邦治国，备极艰难，际兹图富图强，立宪未成身遽死；

以哲学术开文教宗，二三日梁木泰山，忽焉颓坏，从此安仰安放，招魂犹望鹤归来。

法部郎中年侄王京普、主事乡晚刘葆生

朝廷以艰钜相任，中外以安攘相期，学术治术本心术而来，纬武经文，勋业允符天下望；

疆寄则敷布新猷，枢密则赞襄新政，爵一齿一惟德一尤贵，长民辅世，憖遗胡靳老成人。

年愚侄成沂

障百川而东之，回狂澜于既倒，仰若斗山，与唐韩昌黎各千古；

四裔咸问起居，海内称其正直，是真宰相，为宋司马光后一人。

农工商部员外郎年愚侄田步蟾

讦谟开济两朝，富平定策，安昌授经，公何让焉，况宣力封圻，赞猷枢轴，当强邻环伺、内政交讧之日，艰难独任，屹然扶大厦于几危，胡遽尔竖隐膏肓、精腾箕尾，叹群僚后进，欲矜式以靡从，弓剑有余哀，殁不忘忠，应觅鼎湖龙去处；

硕望宗师一代，燕国文章，曲江风度，今其萎矣，虽功言可述，史册常光，值异说分歧、众心摇惑之时，耆老弗遗，谁复挽狂澜于既倒，岂惟是九重震悼、万宇悲思，即绝域羁宾，且涕洟而相吊，人民犹似昨，灵兮匪远，傥偕华表鹤归来。

内阁中书年愚侄王在宣

谓天之未丧斯文，学统已无山岳戴；
使臣言不幸而中，浪花声咽海门秋。
花翎二品衔试署河南巡警道年愚侄蒋楙熙

惟相公身系天下，视为安危，末座屡陪，伟烈崇闳用心苦；
与先子讲学京师，偁曰豪杰，清芬难接，遗孤呜咽受恩深。
年愚侄冯启钧

手扶日月重轮，方先代九龄风度；
泪洒江淮旧部，记当年万福威名。
二品衔江苏候补道年愚侄王燮

言西政公创厥始，言中学公观其通，一老岿然存，当宪法初颁，直道在民咸属目；
论属吏则旧长官，论世交则年家子，两江遗悉永，悼大星遽陨，感恩知己倍伤怀。
补用道江苏补用知府年愚侄桂殿华

遗折愿留弥阙事；
熙朝历数得完人。
江苏知县年愚侄张葆吉

作楫忆长材，当师干总武汉之时，末座叨陪，属我为编教战史；
负扆伤考造，继舒左两文襄而后，高风敬仰，吊公宜上豁蒙楼。
年愚侄陈庆年

伊吕一身兼，忧国方深，惊看剑气归天、星芒坠地；
华彝同泪下，恩门感旧，惨睹桂堂爱树、奥略图形。

年愚侄周绍涑

任重道远，死而后已；
感德至善，民不能忘。
治年愚侄张锡恭

弥留念两宫，真宰上愬天应泣；
不慭遗一老，帷幄未改神惨伤。
年愚侄王代功

忆曩时先君黄榜同登，际会风云，幸只剩我公一代伟人，江山寄托；
叹此日万国白旗半挂，苍茫烟雨，痛不见斯世千秋名相，天地同悲。
年愚侄张兆沸

武乡侯澹泊明志；
韩魏公勤劳王家。
乡年愚侄胡濬

立德立功立言，一身铸成三不朽；
有猷有为有守，没世还系万家心。
乡年晚何之镕

东南半壁独能支，自入秉钧衡，兼综学务，方期经营八表，景运重新，偶病遽千秋，噩耗惊传天下痛；
宇宙大名垂不朽，况夙承盼睐，并隶帡幪，何意修谒几回，尘寰竟隔，论交逮三世，老成永失怅谁依。
民政部主事年再侄胡贤绩

天下方倚为安危，公胡遽死；

学者皆仰如山斗，我更谁归。

农工商部主事年再侄胡存忠

历清要卌余年，综观令典易名，朝廷特重褒嘉，永垂千古；

沐薰陶十数载，尤愧应山为宰，交涉谬蒙奖励，罔报涓埃。

调充吉林劝业道科长年再侄孙蓉

出处不离学问，存旧果，证新因，共喻苦衷，江海茫茫资砥柱；

经纶尽属老成，弥内忧，息外患，枯残热血，日星炳炳耀忠魂。

年家晚学生丁维椽

一饭可忘公吐握；

千秋遗爱粤东西。

用陈白沙先生诗句 两广门下士伍铨萃、曾习经、陈昭常、凌福彭、梁敦彦、李家驹、胡彤恩、梁士诒、曾文玉、梁志文、任文灿、吴尚廉、商廷修、朱汝珍、何作猷、朱珩、罗惇曧、陈庆龢、谈道隆、张锡麟、赵仁农、汪鸾翔、赖际熙、江孔殷、王克忠、陈庆佑、谭祖任

陶桓作镇武昌，三楚遂为天下重；

司马参知政事，八方争识相公名。

湖北治下、受业同顿首纪哀

徒闻乡哭三千士；

难得能容一个臣。

受业陆梦熊、章宗元、陈威、程明超、嵇芩孙、吴桂灵、廖世纶、邓振瀛、李应泌、王季点、叶基桢、施将本、周宏业、秦岱源、权量、谭天池、张鸿藻、蒯寿枢、陆家鼐、李宣威

功在社稷，学贯天人，遗像肃清高，霄汉常悬心捧日；

南去因依，北来契阔，终身感知遇，荆湘曾有疏抡才。
门下士廷杰

方洒攀髯之泪，又增骑尾之悲，天不憖遗，国谁与立；
未扫丞相之门，早辱边才之荐，上为世恸，下哭其私。
门人信勤

名世五百年，生有自来，直上应文昌六星、华盖一岳；
服官四十载，死而后已，当远媲侯厘三古、圣相八畡。
受业吕海寰

公毓岳崧奇，垂老身为谋国瘁；
我惊榱栋折，忧时泪比感恩多。
受业俞廉三

三晋领封圻，策励群材，守令中秉节者五人，开藩者四人，当日得人称盛事；
片言窥抱负，经营八表，法越后甲午为一变，庚子为再变，老成应变建丰功。
受业俞廉三

教士卒识字，教秀才知兵，返弱能强，磐石泰山名相业；
以争路致誉，以借款召谤，忘身为国，青天白日老臣心。
门下士李家驹

所谓大臣，秉正以生，守正以死；
在乎俊杰，经世维旧，遗世维新。
受业沈云沛

廑独居深念之忧，世运方屯，余一掬河山苦泪；
当天崩地坼而后，大星遽陨，更何人砥柱狂澜。

受业刘廷琛

济艰难局、为社稷臣，不愧五朝元老；
结桃李缘、附葭莩末，平生三谒师门。

门下士何乃莹

公许我舍工业而习军，把剑纵横，午夜频挥知己泪；
师若弟期忠荩以报国，强邻逼处，弥留犹上救时书。

陆军部正参领受业易迺谦偕弟迺磐观

文字廿年缘，近从温室追随，经国饫闻名世论；
天人百端感，怆绝香山讽谕，忧时犹见老臣心。

受业胡彤恩

百越泪丰碑，当时讲学阳明，曾扫欃枪坚半壁；
九年颁宪典，太息鞠躬诸葛，难延岁月竟全功。

受业胡彤恩

江左见夷吾，到今如故；
中国相司马，其死也哀。

受业刘世珩

忆孺子被知之始，荏苒卌年，释褐践清华，正值富韩勋望，震耀寰区，相见怃然，谓昔岩畔探书，流光幻梦；
适小人有母之丧，悽怆百日，题缣劳慰问，方挈欧范高踪，殷勤期许，更堪恸者，是公病中扶枕，绝笔挽词。

受业年愚侄李稷勋

八表顿苍茫，如此江山送公去；
廿年感培植，怆怀梁木竟安归。

受业梁士诒

望同诸葛，系天下安危，尽瘁鞠躬，叹息苦衷应共谅；
寿比尼山，悼哲人其萎，临风雪涕，伤心知己更难逢。
门下士缪荃孙

四十年道义相期，俯仰竟成千古恨；
七万里舟车甫税，驽骀深愧九方知。
受业蒯光典

敬学以箴时，各国维新皆复古；
求贤因辅世，昔人知遇不论恩。
门生杨度

同两楹梦奠之年，木坏山颓，胡天不慭遗一老；
负八表经营之略，林前胡后，及身已自定千秋。
门下士吴兆泰

新旧学交争，道德文章将坠地；
柱石臣不朽，清廉忠靖独撑天。
受业涂国盛

居常稷下三千履；
身后成都八百桑。
门下士李熙

知公为社稷而生，陈义敢过高，窃闻定策宫闱，流涕哀王室；
举目有山河之异，失声相向哭，欲把一麾江海，回首望昭陵。
受业宋育仁

学术合许郑陈朱为一冶，其谭经于广雅独殷，论荐举则再传弟子，语渊源则受业门人，载酒濂溪荷，堂侍清佳已陈迹；
治谱集阮林官胡之大成，惟宦迹在鄂州最久，赋梅花是昔日部民，运百甓是他年属吏，攀条武昌柳，楼登奥略不胜哀。

受业伍铨萃

忆昔年督学楚中，昆季受知，同是人沾化雨；

慨此日入参枢密，安危定计，忽惊天陨台星。

受业王会厘

劝学似荀卿，射策似董子，奏议似陆宣公，经术匡时，当代咸称大手笔；

坐镇若陶侃，定计若韩琦，尽瘁若诸葛亮，安危注意，只今须仗出群才。

受业袁励准

其学术足以析古今之奥，其知识足以烛事物之几，因变适时，功孰与二；

非投杼不见母子之相依，非拾煤不见圣贤之无间，为国长恸，下悼吾私。

受业湘乡王龙文

赤子无所仰庇，朝廷无所稽疑，斯文化为异端，学者至于用夷，四顾茫然，及今而世将此惧；

山见终南之高，水见黄河之深，听其议论宏辩，观其容貌秀伟，九原可作，微公则吾谁与归。

门下士杨兆麟

勤劳类陶侃，宦辙兼同，记从瘴海筹边，我亦甘棠怀旧荫；

忠荩似韩琦，谏书相仿，话到大廷捧日，公尤晚节迈前徽。

门下士黎湛枝

公为天下而生，记曾经洗耳东瀛，中国相司马矣；

吾闻谷神不死，或者是攀髯西极，老子其犹龙乎。

受业胡大崇、胡大勋

昔为苏长公，曾以奇才荷嘉许；
今之韩魏国，能安大计在从容。
受业赖际熙

学术在纪阮之间，读书更广，事业继曾李之后，建策尤多，一代数文襄，不愧易名开特例；
壮岁以天下自任，人诧其新，晚年以风气为忧，人疵其旧，两朝余涕泪，长留遗疏表忠忱。
门下士郭立山

持节而晋而粤而江南，惟武汉开府有年，至今三楚悲歌，堕泪人思羊叔子；
主盟如盛如宝如丰润，并同光清流硕望，若论四朝文献，读书吾敬马端临。
门人胡骏

前不见古人，后不见来者；
下则为河岳，上则为日星。
侍讲衔翰林院检讨受业程叔琳

大局艰危，当内忧潜伏、外患迭乘，沧海横流，先帝与老臣，同遗此恨；
平生梗概，在廉正持躬、公忠体国，盖棺论定，谀言并谤语，两失其真。
门人张书云

以说经知我廿年前，此日同为天下恸；
有大节过人三事在，于今犹见古臣风。
门人士章棫

臣技无他，宏济艰难洵有自；
斯文未丧，主持风会更何人。
受业雷恒

相公天人之姿，布衣草屋，敻哉无偶；
九月霜露已降，生荣死哀，泫然伤怀。
门下士江孔殷

公昔师保万民，伯仲之间见伊吕；
天不憖遗一老，讴吟下招遣巫阳。
受业程明超

蹇蹇王臣，鞠躬尽瘁没而未已，谋国贞心直统环球五大洲，声光化电通变宜民，悉卢牟以尧舜周孔，神谟磐石奠本朝，道济黎元利万世；

皎皎如日，久要不忘平生之言，当年捧手亲授劝学廿四篇，忠孝富强精理闳指，用昭炳乎经史百家，正谊斯文责后死，誓将公教播千秋。
受业曹元弼

廿年杖履追随，忆茗余谭次潜窥远计深忧，早识孤忠心有病；
一代宗师已杳，愿后哲来贤继阐学风治术，莫教永叹国无人。
受业陈毅

天下乐而乐，天下忧而忧，人之云亡，其何能淑；
夫子趋亦趋，夫子步亦步，斯文将丧，吾谁与归。
门人吴郡王仁俊

廿年功德如新，能使匕鬯勿惊，楚境遂为天下重；
小子亲炙最晚，但见声色不动，中朝重奠泰山安。
受业杨熊祥

敦槃修好，重奠已缺金瓯，惟我生长东南，尤受厥福；
箕尾归真，竟失中流砥柱，从此安攘内外，更属何人。
受业王季烈

吾生及见范公，今感遗文犹幸事；
荐士下逮韦澳，愧无一节答深知。
受业世再侄陈曾寿

互保有先识，夹辅有大功，立宪赖主持，天胡九年不假；
正学堂讲经，明耻堂教战，致身蒙奖借，我愧一事无成。
受业刘道仁

只鸡敢忘桥公语；
好士今无六一贤。
受业罗惇曧

回翔中外，为词臣虽匡刘弗如，为畺臣虽陶庾弗如，为辅臣虽丙魏弗如，以一身砥柱狂流，方冀济斯世、康斯民，数钜典酌古准今，温公从洛中来，未竟厥志；

坐镇东南，任粤督值法越之变，任江督值辽韩之变，任鄂督值津京之变，洎去岁宫车晚驾，实能决大疑、定大计，卌余年感恩知己，和仲为天下恸，并哭其私。

受业蒋楷

回旋未尽当年志；
比较应知来日难。
学部员外郎门下士继宗

一身系朝野安危，纾大难，定大计，决大疑，惟公能担天下事；

片语括生平志业，内无援，外无党，家无产，遗疏常昭日月间。

受业宗树楠

天语惜公忠，北极手扶，三百六旬忧国计；

民彝尊正学，西风吹泪，四十二载负师门。

受业王树藩

经天纬地之谓文，辟土有劳之谓襄，知臣莫若君，易世大名光典册；

不殖生产以自私，不树党援以自固，盈廷相动色，读公遗疏想丰裁。

大理院推事受业吴尚廉

廿载被春风，初从岭海，继历汉江，昔日问经今老去；

四朝感知遇，外体时艰，内定国是，当年抗议属公多。

门下士曾文玉

溯持节自三江三晋两粤两湖，正当时事多艰，惟公弭患无形，功在方州，计关大局；

合一身为名相名儒先知先觉，太息斯文将丧，吾辈隐忧日亟，上哀国命，下哭师门。

受业张则川

互约保东南，遗爱至今遍江汉；

斯文渺山斗，失声岂独在门墙。

门下胡玉缙

合陶桓公谢太傅为一人，宏济艰难心力尽；

有裴中令李赞皇老从事，平生学术见闻真。

受知士陈衍

真名相真大儒，以一身系社稷安危，栋析榱崩中外恸；
正民彝正学术，为季世续斯文命脉，山颓木坏我心悲。
受业杨裕芬

弥留犹抗疏，诵教战理财数语，可纪御屏，果他年朝野推行，含笑九原方目瞑；
持世有斯文，幸尊经广雅诸贤，能延薪火，愿此后湖堂正学，嗣音三楚答心期。
受业陈问咸

八表经营，即雅化方州，能使巴蜀媲齐鲁；
卌年陶铸，乃阔疏尺简，有辜涑水识元城。
门下士潘清荫

天语表公忠，岂惟力顾江防，伟绩系东南大局；
儒宗居统会，安得学传薪火，纷争熄新旧两家。
受业帅培寅

自两湖步趋以来，有公谒无私干，舞鹤辱知言，一谔徒惭佳士誉；
抱八表经营之志，但先忧未后乐，长鲸犹跋浪，九幽齐志尽臣心。
受业饶叔光

已竭救时心，谁可传握火抱冰之志；
频扐感恩泪，我今又浮江泛海而来。
受业平远

陶士行久镇上游，忍令沿江百姓，罢市而哭；
韩魏公入定大计，弥痛在天两宫，知人之明。

门生史锡永

童子何知，于词赋拔冠千军，当年持节岷峨，曾以诗书邀赏识；

老成凋谢，与朝野同声一哭，此日垂名宇宙，犹余功德记贤良。

受业世愚侄彭聚星

扬历纪三朝，立德立言立功，前无古人，后无继者；

勋名周八表，为君为民为国，生有荣誉，没有讴思。

门人张鸿藻

京榆筹画，庐汉提倡，痛粤汉正经营，路界伟人竟长往；

庚子匡危，甲申奏捷，并戊申陈大计，国朝元老有谁如。

门下士曾鲲化

出入历三朝，图授明堂，悲吟温国风流尽；

追从逾廿载，篇传劝学，愧说兰陵冰水寒。

门下士纪钜维

文章可得闻，惟日光玉洁、周情孔思，世以昌黎推北斗；

魂气无不之，在名山大川、皇天后土，我如方叔哭东坡。

受业曹元忠

槐岳失孤忠，尽瘁鞠躬，公为其大；

菱湖开正学，尊经崇实，我哭其私。

内阁中书受业罗襄

三朝硕辅，一代宗师，盛业炳人寰，公已大名兼大德；

往哲云遥，后贤待起，多艰痛时局，谁从斯世觉斯民。

内阁中书受业孙百英

梁木其坏乎，哲人其萎乎，问天下将安仰；
江汉以濯之，秋阳以暴之，舍夫子谁与归。
内阁中书受业罗会坦

考工兴学，理财睦邻封，殚三十载惨淡经营，乃凌驾亚细亚、欧罗巴、奥大利、墨利加名人传中，分据一席；
变法匡君，筹边安社稷，括廿四史文章经济，试胪列司马光、陆忠宣、李文饶、张江陵诸贤相外，独有千秋。
内阁中书受业苏晋

丞相归天，从此大名垂宇宙；
英雄造世，永留铜像峙江湖。
内阁中书受业苏晋

文苑名臣两传中，生面独开，前无古人，后无来者；
门生故吏遍海内，同声一哭，上为邦国，下为其私。
受业年再侄范熙壬

肩重任在一身，况当时际艰危，赖柱石长资，犹见河山留浩气；
受恩知逾十稔，方冀常依杖履，痛台星忽陨，岂惟江汉动哀情。
门人权量

曾从门下执经，请业殊悬郑高密；
犹记去年视学，登堂弥怆范希文。
受业饶橿龄

劝学居天下之先，开风气，正人心，湖经江四教列科，幸得为再传弟子；
谥法继湘阴而后，匡时艰，恢相业，同光宣三朝宏济，赖有此一个儒臣。

受业叶开寅

是先朝顾命之臣，心力无穷躬已瘁；

为天下安危所系，见闻虽浅感何深。

受业傅岳棻

易名与湘阴左先后齐辉，八表经营，相业未终忧国志；

绝学以洛下闳殷勤相勖，两湖跄济，师承独感爱才心。

受业李楚珩

谋新求旧两相乘，正学术，正人心，挽救多方，元老何曾闲一日；

外攘内安俱未竟，为公恸，为私哭，师承七稔，鲰生更有泪千行。

受业王葆心

劝学踵仪征太傅，更有大焉，洵岭峤百世之师，颜欢寒士，长留广厦千间，惟惭后乐先忧，佛时谆勖为文正；

易名媲湘阴爵侯，夫何疑者，慨中外两军相见，威震远人，独数谅山一役，全仗纡筹决策，将略知非短武乡。

两粤文教肇于仪征，公督粤时，越南敉定，辟广雅书院，拔知名士读书其中，公余亲临课授，情词谆恳，虽父兄训诲不是过。勖曰时事多艰，需才孔亟，当勉为有用之学，培养得以天下为己任，如范文正其人者，即费百万金钱不惜，迨移节督鄂，犹邮题课奖，今陬澨皆知实学，公之教泽远也。师训在耳，泰山其颓，疆耗至粤，士林震悼，设位酹奠，朝旨晋赠太保，予谥“文襄”，或拟随何无武哀感之余，濡笔以志向往云。

受业罗献修

广雅振儒风，综娶经南宗、阅微北学；

公忠恢奥略，媲李规开国、左翊中兴。

门下士朱联沅

以位望论，近数年来推公第一；
负博雅誉，知百世后继者无多。
受业刘冕执

古来时局，几见如此艰难，寤寐想贤豪，岂意大星沉八表；
今日学人，方当共宏干济，转移关世变，凭谁遗憾慰千秋。
受业姚炳奎

取海外六大邦政艺，豁中华二千载围蒙，弱者使强，愚者使智；
有晏婴三十年狐裘，无孔明八百株桑树，公而忘私，国而忘家。
受业门生樊增祥

廿八载身都将相，行乎中国，达乎四夷，平生东阁宏开，主旧学，宾新学；
卌一年亲炙门墙，教以文章，授以政要，今日西州痛哭，人一天，我二天。
受业门生樊增祥

不树党，不治生，缅怀旧深情，廉正励家声，垂将故人有子；
大难定，大议决，值维新景运，肫诚匡国是，竟艰一老慭遗。
二品顶戴湖北盐法武昌道受业马吉樟

先天下而忧，后天下而乐，吾师是范文正一流，最难忘风度楼高，训士厉兵，如授狄青左氏传；
有益事则行，无益事则止，救时真张江陵再世，更何堪国恤期内，栋崩榱折，又看缟素汉军容。
受业余大鸿

是社稷臣，痛今日朝廷，失兹良弼；
为天下哭，况昔年师弟，具有私恩。
受业杨晟

著弟子籍逾四十年，垂老不及门，公忍抛百辈孤寒，头白有人悲放仰；
望京国程越三千里，大招未成赋，我能状个臣名德，汗青终古诵清忠。
受业张预率子小门生鸿礼

堕泪读遗碑，岂有酖人羊叔子；
登门怀旧价，更无好士韩荆州。
门下士黄嗣东

是社稷之臣，定大计、决大疑，持危扶颠，岂曰小补；
应文昌上相，延国脉、存国粹，伤今思古，我有余哀。
受业傅世炜

一个臣生有自来，大局障东南，旋乾转坤，毓钟闲气；
三不朽公今论定，全球钦泰斗，镕金铸像，中外同瞻。
受业会稽陶濬宣

公备德业文章之美，各有千秋，历溯昭代英贤，自湘乡后殆无与匹；
我承饮食教诲之恩，已非一日，胜得天涯涕泪，为海内恸兼及其私。
驻日参赞兼游学生监督候选道受业田吴炤

文章名世，勋业名臣，负扆能知真宰相；
召试殿军，荐剡殿最，及门自恨不中书。
湖北候选道受业魏允恭

学术综天地人，折衷孔孟程朱，坐而言、起而行，大局支撑，为救时良相；

易道识变通久，周览古今中外，忧之深、虑之远，老臣开济，有劝学遗篇。

门人左绍佐率子门下晚学生左树珍、左树瑛

曲江风度重南皮，甄陶中外，尽多数十载勋劳，四海仰嘉谟，大统匡扶文潞国；

傅相星精归北斗，怅望门墙，何况卅七年知遇，两湖增远荫，隆名辉映左湘阴。

湖南候补道受业李起荣

学通中外，识贯古今，教育得英才，两湖多士相从，微夫子将谁瞻仰；

出任兼圻，入正揆席，安危关社稷，一旦老成凋谢，问何人肩此艰难。

二品顶戴湖北候补道受业刘秉彝

相臣再造山河，一柱镇华夷，垂老功名成不朽；

浩气遽归天地，九重悼耆耇，后来艰钜仗谁肩。

江西候补道受业江峰青

附：江峰青《清隐庐楹联录存》“先帝升遐之日，赖公定大计而决大疑，是相臣再造山河，一柱镇华夷，垂老功名光上国；衮衣负扆以来，私幸姬也摄亦召也辅，讵浩气遽还天地，九重悼耆耇，艰难时局付何人”。前半部文字与《张文襄公哀荣录》稍异，或为江峰青改定之稿。

鼎湖龙去未期年，天不憖遗，遽招硕辅老成，攀髯同逝；

北海蛇祥惊大岁，我怀通德，凄绝泰山梁木，曳杖闻歌。

受业赵俨葳

格致亡民无实业，封建废世鲜完兵，我公具先觉先知，纬武经文，一代人才齐北面；

匡时略身画凌烟，定策功名藏太室，小子叹而今而后，馨香俎豆，千秋贤相仰南皮。

江南陆军讲武堂总办候选道受业萧先胜

一疏建储青史赫，统正民安，甘效前驱随龙驭；

两朝开济老臣心，托孤寄命，忍将后事付贤王。

候选道受业李如松

勋业震全球，出为保障、入为股肱，一代乾坤撑独苦；

生成同大造，始而雷霆、继而雨露，卅年桃李荫偏浓。

道员用署湖北德安府知府门下士廖正华

学问为今未有，政治为古所无，看上相勋猷、国宪民纲，若畴咨采；

经天纬地曰文，开疆辟土曰襄，数生平事业、武功儒术，多在东南。

江西候补知府门下士黄立权

为人不敢为，任人不能任，思精体大，节错根盘，政略独出冠时，知皆本生平所学；

在外则外治，在内则内安，疑难虽多，忠诚无二，鞠躬尽瘁以死，真可称社稷之臣。

门人刘洪烈

生前治绩由两广、两湖而两江，不堪卒读遗书，著作传兹劝学录；

身后荣名继太师、太傅者太保，当此惊闻噩耗，呼号多是感恩人。

门下士四川知府梁鼎芬

俾士马任难谋始，无以过之，如公社稷为心，真关全局安危、两朝开济；

武乡侯尽瘁鞠躬，而今已矣，恨我风尘空逐，竟负半生培植、四载暌违。

受业胡钧

系中国安赖公在；

为天下哭匪己私。

安徽即补知府受业王咏霓

笔参造化，学究天人，本经术以匡时，立一代文章风节；

泽被生民，功在社稷，励忠清而尽瘁，垂千秋宇宙大名。

湖北试用知府受业徐钧溥

默扶鼎社，静镇河山，八表千秋传相业；

立仰春风，化钦时雨，一门三代沐师恩。

受业陈作彦

督晋粤吴楚卅载，历道咸同光四朝，平生大难不惊，独立不惧，相业炳千秋，直与中兴曾左相伯仲；

溯楼台江汉遗踪，洒仕学军商血泪，回忆公忠体国，廉正无私，师资垂百世，岂独大湖南北动讴思。

受业徐毓华

宏猷罄茧素难书，溯自戊戌庚子戊申，百变纷乘，一柱擎天，信中国大有人在；

异说如猬毛而起，值此立法行政司法，三权淆杂，群言衷圣，微师门其将谁归。

湖北候补知州受业何熙年

春风三载，曾叨雨露来，何地酬恩，文渊马革沙场日；
秋水一江，半是军民泪，不堪回首，元圣鸿飞遵渚时。
受业艾忠琦

溯大河而西北，横大江而东南，于时代为穷通治忽所系；
先帝曰惟汝贤，今皇曰惟汝弼，论古臣在伊尹周旦之间。
门下士邓南骧

四顾更无人，昔也哗然今也哭；
两回曾论相，释之长者柬之才。
门外受业宓昌墀

始传衣钵、继荷铨衡，恩加两世一门，平生不解藏人善；
再造河山、重扶日月，功在八荒九庙，后代应难继此才。
江苏候补知县受业李家璧

召公为周室元臣，一时圭瑁扶天，顾命冕旒尊玉几；
唐勒是屈原弟子，万里江湖满地，招魂烟雨黯金陵。
江苏候补知县受业杨蔚光

如公真社稷臣，定知赤胆轮囷，难语千秋太史氏；
于邑读师承记，自顾白头漂泊，愧呼三楚小门生。
江西候补知县受业马庆龙

此身系天下安危，通经达权，奠东南半壁，遥遥旷代，绝少斯才，故应于曾胡左李以还，别开世界；
所学得纯儒宗派，包今统古，铸新旧一炉，脉脉传心，有谁私淑，惟愿与燕冀吴楚之士，同哭春风。
江西候补知县门下士韩兆鸿

范相学识、魏公政治、苏子文章，以一人兼乎其长，生逝荣哀，定论早垂身后史；

东汉党祸、北宋边氛、南明倭衅，际多难环而交逼，讦谟镇静，托孤独契圣慈心。

受业饶宗羲

一纸约调人，不抗不卑，平乱五千万里；

三朝真宰辅，无偏无党，尽瘁四十余年。

山东候补知县受业陈光煦

兰陵儒效古难几，笞捶暴国、调燮寰区，更设教随时，英杰化、邪说畏、庸众愧、嵬琐逃，上下二千年，吾见其人，江汉秋阳亲大道；

崧岳神灵今诞降，伯仲湘阴、颉颃武定，况抗怀在昔，康成经、孟坚史、昌黎文、宣公疏，纵横九万里，物无异望，华夷同日哭奇才。

受业附贡生湖南求忠中学堂监督张灿、湖北补用知县湖南学务公所普通科科长余肇升

皋夔伊吕并千秋，忧国忘家，身后只余书万卷；

朝野君民同一哭，感恩怀旧，心丧忍止服三年。

肄业门生王家槐

公真海内伟人，自就试嘉定，化雨从公，知五百年挺起名贤，必有非常鸿业在；

我本蜀中弟子，忆晋谒武昌，春风坐我，感二十载浮沉身世，竟无再侍雅谈时。

五品衔易州州判受业张禧培

知感佩鸘年，忆自传经石室、从政桓楼，仕学及公门，一脉渊原溯江汉；

勋隆调鼎日，何当负扆方资、骑箕竟逝，安危系天下，九州华

表仰云霄。

受业王万震

潘曰滂憙、翁署宝觚，彝鼎图书同典重；
馆辟灵岩、堂开学海，风流儒雅亦吾师。

受业陈廷英

是新世稘开幕伟人，教育仿美利坚，武备规德意志，主持立宪复效英吉黎，报国仰谋猷，一柱擎天，允矣中兴资令弼；
为旧学界守成钜子，经术如戴东原，史才迈钱嘉定，博综九流更过纪文达，及门穷拟议，两楹征梦，伤哉海内失宗师。

受业蔡宝善

存古于维新之世，定策于顾命之时，相业如斯真不朽；
文学为多士所宗，风度为当朝所重，哲人其萎剧堪悲。

受业张通谟

文襄得十五名臣，皆属圣清元老，试问金瓯地缺、玉几帝凭，谁作天家一柱；
武侯有千秋遗爱，长使泪满英雄，况经鄂渚皋比、秦淮龙节，亲承风旨三年。

受业张翼轸

三载坐春风，乐育英才，岂徒平生感知己；
重阳泣秋雨，悲兴梁木，更为海内悼元臣。

受业刘继昌

平生所志，是移山愚公、填海精卫，至今日鞠躬尽瘁、夙愿未酬，魂魄果有灵，对此兆姓黄种、万里神州，应多余恨；
人间何世，看龙蛇起陆、燕雀嬉堂，更那堪大厦将倾、梁木遽坏，天心如可转，当与八百孤寒、三千桃李，共济时艰。

受业程镇瀛

公真一代伟人，柱石况功高，相业应传千载后；
我是两湖弟子，榑桑叨送往，旧恩早感十年前。
受业沈炳谦

惇史叙我公年谱，乘辅轩，秉节钺，赞纶扉，鞠瘁三朝，何期时局方新，望治竟虚寰海愿；
儒术为天下大师，晋令德，蜀尊经，粤广雅，陶镕多士，窃冀楚材继武，闻歌遽怆泰山颓。
受业邓崇年

儿童走卒知司马；
画像刊碑在武昌。
受业周从煊

望帝有余哀，九重阊阖竟扬灵，想公气薄云霄，身附龙髯成万古；
怜才无嗣响，八百孤寒齐下泪，况我恩承雨露，心同鱼泣合三年。
受业吴祖椿

报国矢丹忱，佐三朝宏济艰难，古称社稷之臣，身有千秋师不愧；
骑箕归碧落，以一柱支撑名教，气引星辰而上，目营四海继无人。
受业李滋然

侍从具孤忠，涕泣陈词，迄今大统有归，瞑目九原方靡恨；
台衡仍素志，艰贞蒙难，岂料三年未竟，惊心六艺绝微言。
门人樊宗源

九年悬宪待贤劳，讵天夺元勋，沧海横流沦砥柱；
十载师承皈正学，忽梦惊坐奠，江城秋雨泣宫墙。
受业广济何焕典

一身系天下安危，武乡侯诚尽瘁鞠躬，那堪日下江河，顿使齐声哭元辅；
十载感师门优异，昌黎伯信泰山北斗，却愧老来籍湜，更无建树答恩知。
受业姚汝说

朝四众狙喜，朝三众狙怒，毁誉竟何凭，愿拒款乡人，细读当年赎路旧约；
一鹗胜百鸷，一谔胜百诺，是非久乃见，祝承平宰相，勿遇前日危险风波。
受业清泉左全孝

为一代纯儒纯臣，誓死不余财帛，顾命更力竭股肱，武乡侯之所以报陛下；
乃大诰多方多士，叙功入祀贤良，汉员向无此恩例，李文忠而后又有先生。
门人张罗澄

朝廷倚魏公若长城，半壁东南，曾赖上游工擘画；
邻国惊司马作宰相，独屏中夏，忍堪多难失元臣。
受业陶炳麟

十年居弟子班行，公登台辅，我滞江湖，本期共济艰难，迭荷提撕，造席私干无个事；
一身系天下重望，君子景从，小人争嫉，斯世凭谁毁誉，待蠲恩怨，盖棺公论有千秋。

心丧弟子屈开埏

临大事、决大疑，正笏垂绅，功业直同韩魏国；
开诚心、布公道，鞠躬尽瘁，谨慎不让武乡侯。
门下士白寿铭

一身系天下安危，读黄阁遗章，惜未了老臣心事；
五载蒙君侯赏识，愧青萍增价，末由答宏奖恩知。
门下士王家棩

历庚子戊申大难大疑，谋国必策万全，是谓鞠躬尽瘁；
创兵农工商新学新政，惟楚实居先导，公真远虑过人。
门下士王家棩

两载赞纶扉，只身系当代安危，遗大投艰，真是鞠躬昭尽瘁；
十年沾雨露，弱冠侍希文忧乐，抚时感事，岂徒挥泪哭私恩。
受业世再侄彭康寿

不随桃李哭春风，从庚子整顿乾坤，逐一思量，真个相度能容、大家福禄，萧何乎，曹参乎，普天之下应洒涕；
竟作神仙惊帝梦，到己酉推崇德望，无双功业，匪特经师弗愧、后学津梁，司马耶，卧龙耶，继公而起更何人。
受业王茂桓

大名垂宇宙；
无地起楼台。
门下晚学生张鸣岐

以旧学为一切新政倡，遂辟四千载未有之局；
于明公在再传弟子列，难忘二十年佐治所师。
前法部左参议门下晚学生余肇康

惟岳生申，可知黄菌钟灵，名世特扶周室运；
太岁在酉，讵料白鸡兆梦，澄清竟止谢公车。
门下晚学生刘焜

读遗疏数千百言，古谊忠肝，公真不死；
膺大任垂三十载，鞠躬尽瘁，人之云亡。
受业晚生高振霄

开济老臣心，似武乡尽瘁鞠躬，海内士林，同声洒泪；
褒荣国家礼，有明君听言从谏，中兴事业，傥慰忠魂。
门下晚学生袁梁肃、袁允棣、袁荣叟

北方硕学以朱纪为先河，惟我公花萼联芳，一弟一兄足千古；
令典易名继黄左而媲美，卜此后馨香报德，两湖两粤并三江。
门下晚学生江德宣

北斗时望高，学为名儒，仕为名相；
南皮家世重，前有文达，后有文襄。
门下晚学生贺良朴

当彼元黄乱杂之秋，浩气敌千万人，独立不惧强哉矫；
自有新旧喧呶诸说，阅世再数十载，博学反约思我公。
私淑弟子齐令辰

千里依公，久客曾为王粲赋；
万间庇我，遗言空诵杜陵宽。
门下晚学生沈承宽

公是一代功臣，戊申定计，庚子扶危，朝野赖乂安，引天下为己任；
我乃再传弟子，精舍授经，纶扉侍直，宫墙窥美富，微斯人谁与归。

内阁中书门下晚学生程国璠

经济似陶侃诸葛，学术似董子荀卿，风度景曲江，鄂渚之间有遗像；

守旧在崇尚程朱，维新在袭因周管，文襄邀特谥，湘阴而后见斯人。

内阁中书门下晚学生程国璠

新猷颁宪法，群仰经纶，方期日赞中枢，海外同尊大帝国；

旧德溯渊源，亲承杖履，何意星沉上相，天涯长恸小门生。

广东水师提督果勇巴图鲁门下晚学生李准

更新存古，独有千秋，为政治大家，为文学大家，谈笑却兵戎，至今宸綍褒勋，半壁东南资保障；

立宪观成，尚迟万国，是先帝恨事，是老臣恨事，艰难悯时局，况值衢讴遏密，百年梁木痛倾颓。

广东水师提督果勇巴图鲁门下晚学生李准

为熙朝应运而生，无愧致太平宰相；

开中国维新之学，是乃造时势英雄。

陆军第九镇统制门下晚学生徐绍桢

身系安危者三十年，立言立功立德，久已夫名垂宇宙，非游夏所敢赞词，惟庚子猝遭变故，赖我公保障东南，不才适奔走救济而回，亲见硕画忠谋，支持全局，到此时历历追思，曷禁与海内苍生齐声痛哭；

躬担道统于五千载，希贤希圣希天，伟矣哉博贯中西，为古今知止至善，自戊戌纷涌横潮，独屹镇狂澜砥柱，世界在祸福存亡之际，毅然振商兴学，巩固皇图，追弥留殷殷筹策，尚叮咛前途教育进步勿封。

门下晚学生陆树藩

封疆于晋楚吴粤，各著勤施，登宰辅，赞枢机，借箸频烦天下计；

秣陵之官吏士民，同怀遗爱，告巫阳，奠椒桂，骑箕恍惚日边来。

门下晚学生江苏候补道吴祖梅

大唐金鉴炳千秋，风度楼中，犹数南皮时相；

国朝文襄凡几谥，左黄座上，又增北斗台星。

安徽候补道门下晚学生陈元祥

卌余载宣勤王室，甲申功在攘夷，甲午功在靖国，庚子功在保邦，即此亮节精忠，已堪彝鼎，况复扶持大计，翊赞新猷，一疏遗言，更勤恳于人心风俗之际，方今内忧外患，天步维艰，思古发幽情，何以异武乡鞠躬、史鱼尸谏；

十九年亲炙师门，熏陶我以学术，历练我以戎行，涵濡我以庶政，加以埙篪乔梓，并渐渊源，乃犹假以斧柯，锡之华衮，六千君子，俾教训于楚山汉水之间，讵料驾鹤骖鸾，成绩莫睹，平生感知己，徒辜负伊川冬雪、明道春风。

门下晚学生候选道刘邦骥

建地辟天开之绝业，鲸呿鳌掷，百代奇才，何图将相卅年，依然两袖清风，不移素志；

授文学武备于一家，马帐龙韬，各分余智，太息寝门万里，即论个人私义，亦应伤心。

江苏候补知州门下晚学生刘邦骏

葛相老臣心，遗表如闻忠职分；

温公天下恸，闭门不敢爱吾庐。

湖北武昌县知县门下晚学生顾印愚

堂堂宰相，身事四朝，值此世变时艰，大局系安危，居正功名谁继起；

世世通家，恩辜一报，每念山颓星陨，老成尽凋谢，九龄风度再难亲。

浙江试用知县门下晚学生范鸿荃

累朝佐命元勋，与曾左李后先辉映；

两世亲承硕画，合商军学公私同悲。

湖北补用知县门下晚学生杨鼎福

房杜勋业，中外同钦，只手挽狂澜，柱石首推名宰相；

燕许文章，古今有几，庸材愧私淑，桂堂泪洒小门生。

门下晚学生姚复学

赞纶扉只将两载，担当宇宙端赖我公，老臣默运枢机，虽往昔劝学辅轩，四海流传犹为余事；

镇湖广十有八年，捍卫东南群推贤相，末进亦沾教育，惟抚今抱冰风度，一堂想像空尽哀思。

门下晚学生孙蓉

国家大疑难，取决方待元公，象阙宪章新，万里河山存带砺；

昭代数文襄，勋业独艰先哲，宗臣遗像在，千秋风雨感精灵。

江西候补知县门下晚学生陈绍曾

五百年崧岳钟灵，为皋夔、为伊旦，元老勋猷，没而不朽；

数十载甄陶后学，如泰山、如北斗，神仙福泽，生有自来。

江西候补知县小门生王寿搏

具德远谟谋，为国宜猷忘尽瘁；

传和凝衣钵，趋庭继起愧无才。

江西就职府经历小门生林春旭

公于时局切深忧，讽喻尽诗中，弥留犹直阙廷谏；
我在师门为晚学，引援来日下，兢战常怀陨越羞。
分省补用县丞门下晚学生彭国嘉

堕泪立丰碑，南国遗民痛羊公不能再至；
褒忠颁定论，先朝慈谕谓李揆为第一人。
门下晚学生余景芳

我父感师恩，先六十日负笈而行，天上重逢应一笑；
相公崇硕望，有四百兆束刍为祭，人生如此足千秋。
门下晚学生章森芳、章鼒芳、章金芳、章枝芳

公本一代儒宗，既劝学维新，复兼营存古，爱才如性命，无非育贤佐治，国际图强，泰山北斗日常留，定进化文明，优胜光荣廿世纪；

我仰三朝元老，保东南半壁，全中外生民，入相赞枢机，尤能镇静运筹，邦交永辑，社稷名臣今纵萎，犹令人悦服，感泣悲歌五大洲。

晚学生吕兆璜

生平无汗血功，两番手奠乾坤，定策扶危资荩画；
时事值艰难会，一日身骑箕尾，江深汉广泣秋涛。
小门生闵豸

缴进梁公威凤赋；
心伤太傅白鸡年。
小门生谭宝瑜

顾命殊勋，咸期黄耇延厘，何竟慭遗一老；
承恩再世，自痛青缃失学，徒令泪洒孤寒。
门下晚学生武宗绪

薄海失人师，况诗才曾奖渊参，文词两代宫墙泪；
神州成铁错，到今日追思江汉，开济三朝社稷心。
门下晚学生黄庆曾

生有自来，在天为星辰，在地为河岳；
死而后已，其学则曾子，其功则武侯。
门下晚学生萧延平

眼底沧桑，俨经数世，射策甲科为一世，清流领袖为一世，封疆节钺为一世，台阁平章为一世，追薰殿夔扬，而公将老矣，佥曰幸哉，庶有豸，庶有豸；
中朝柱石，殆无两人，经纬文武唯此人，调停新旧唯此人，制驭外夷唯此人，只受顾命唯此人，及鼎湖龙去，而身亦及之，呜呼伤已，复何言，复何言！
小门生樊鹰

周齐所畏惟韦虎；
廖李同声哭葛龙。
小门生樊廉

一事不知儒者耻，知古知今，知中知外，使得尽其所学，行其所言，治天下犹运之掌；
卓如有立末由从，立政立教，立德立功，历数三代以来，五洲以内，微斯人吾谁与归。
小门生樊庶

简在慈怀，赖太上金瓯永覆；
口占遗表，视晋公玉带何如。
小门生樊璘

歌咏遍湖湘，堕泪如怀羊太傅；

追随历燕楚，感恩岂独阮中郎。

小门生吕邦彦

竭来为国太忧勤，龙马精神千载少；

此去想公不寂寞，夔皋贤相九原多。

大学堂预备科第一类英文甲班学生周继华、东士朝等

保障东南以维持全局，深明经术以决断大疑，勋业烂然，两字易名非溢美；

服官至久而殖产不封，荐士最多而立朝无党，生平自审，千秋定论付知音。

大学堂预备科第一类英文乙班学生王纲、孙守谟等

陶士行有功在湖湘，中外交推，死后尚留经国疏；

马君实以身殉社稷，忧勤不懈，病中犹订教科书。

大学堂预备科第一类法文班学生丁鸿实、汪启疆等

作镇如陶侃，定策如韩琦，尽瘁如诸葛孔明，天不慭遗，思往事之艰难，同萦涕泪；

理财务养民，教战务明耻，取士务正直廉洁，世方多故，奉遗言为治谱，尚有典型。

大学堂预备科第二类英文甲班学生金兆梓、陈寅等

以国民教育为功，并世差同俾士麦；

还渤碣英灵之气，百年相望纪河间。

大学堂预备科第二类英文乙班学生胡昌炽、葛震邦等

早对大庭，三策天人儒者事；

死留遗表，两朝开济老臣心。

大学堂英文丙班学生汪图垣、姜维翰等

狂简裁吾党小子；
清高仰当代宗臣。
大学堂预备科第二类德文班学生胡之琦、卓宣谟等

五洲同文，存古朴学，维新欧学；
四朝开济，顾命元臣，立宪名臣。
宗室觉罗八旗高等学堂教员等

立尊经广雅方言诸校，卒纳天下于中西并重之科，旧学新知，教亦多术矣；
本安民保大定功为事，更慰两宫以统绪兼承之礼，经天纬地，文不在兹乎。
译学馆监督员生

同治朝有中兴功，光绪朝有定难功，宣统朝有顾命功，清望隆名，近世元勋谁并驾；
论学问无汉宋派，论性理无朱陆派，论政术无新旧派，高瞻远瞩，我公卓识自千秋。
译学馆监督学部郎中邵恒濬

佐先皇宏济艰难，可怜坏土犹新，攀鬛竟随龙驭去；
翊圣主敷施宪政，讵料台星忽陨，锡圭未及禹功成。
译学馆提调史锡永

功业在国，德泽在民，危局赖维持，血性肯当天下事；
泰山其颓，梁木其坏，儒门谁护法，伤心应是读书人。
译学馆提调李深

同时名德半凋零，公如鲁殿灵光，垂老更教岿望集；
四海人才归巨壑，我亦苏门后学，朝宗空有瓣心香。
译学馆国文教习门下晚学生刘焜

范韩事业，燕许文章，硕望在人伦，砥柱中流，恸彼苍遽夺我古稀元老；

出领兼圻，入正揆席，大泽及天下，盖棺论定，为圣朝中兴后第一名臣。

译学馆国文教习陈云诰

惟其存古，乃足维新，采摭良规，每于隐微挽国是；

我方远来，公竟长往，摩挲遗泽，空从简册想生平。

译学馆历史教习丁忧学部主事林锡光

庐陵蓄道德能文章，究以定储安两宫为大节；

高平绾疆符登台辅，犹想变法振末俗之孤忠。

译学馆教育教习伍崇学

五百年名世挺生，间气特钟渤海；

廿四次中书上考，遐龄独逊汾阳。

译学馆舆地教习冯明馨

向使张九龄存，群犹惮立朝正色；

谁如祭征虏者，与之抒忧国公忠。

译学馆舆地教习叶源

兼祧庙制亦创亦因，与先朝议储殉节之臣，聚首九原应稍慰；

半壁棋枰即守即战，以谥法甲胄有劳为例，易名两字信无惭。

译学馆理财教习陆梦熊

元老壮猷，人伦师表；

名垂宇宙，气塞山河。

译学馆交涉教习周宏业

勤劳王事越四十年，多难方兴，一夕星沉惊柱折；

乐育英才遍天下士，遗书具在，中原物望痛山颓。
译学馆算学教习顾澄

青史记公难，合儒林文苑道学名臣，都为一传；
芳型垂世远，论经术政治文章事业，并足千秋。
译学馆算学教习王文持

一代名臣钦北斗；
千秋学派仰南皮。
译学馆博物教习叶基桢

丽日天中，千秋论相业；
大星夜陨，一代失儒宗。
译学馆理化教习王季点

天生李公，为唐室数百余年社稷；
世称潞国，似汾阳二十四考中书。
译学馆英文教习胡振平

开济老臣心，定知素愿多违，独有大名垂宇宙；
安危天下望，料想丹诚不泯，长留浩气壮山河。
译学馆英文教习瑞思诚

幕府多才，问风流宏奖如公，古今有几?
哲人其萎，当秋气萧森之际，天地同悲。
译学馆英文教习傅玉可

不殖生产，不树党援，立身当在三代以上；
能道训典，能安社稷，天下何可一日无公。
译学馆英文教习安德生

丰功盛德在人间，出则将，入则相；
门生故吏遍天下，言可表，行可坊。
译学馆法文教习何世昌

合德功言为三，备古人不朽盛业；
继曾左李而四，作中兴以后名臣。
译学馆法文教习华仁寿

生有自来，可知五岳英灵，特为熙朝钟秀气；
死无遗憾，独惜九年治定，未能亲见及公身。
译学馆法文教习沈崇勋

惟天下才，经文纬武；
负名世望，生荣死哀。
译学馆德文教习程经邦

道德学问，经济文章，屈指五洲应弁冕；
大夫君子，邦人诸友，同声一哭失归依。
译学馆德文教习唐德萱

中朝有司马相公，远人正喜瞻黄发；
异地识龙图老子，遗像应知在紫光。
译学馆德文教习华根纳

擢高科，登显秩，我公何足为荣，数卌年忧国忘家，到今沧海横流，匡扶尤力；

充讲席，备译员，下士岂堪云报，忆三载耳提面命，此后云霄万古，想像徒劳。
译学馆俄文教习陈嘉駒

遇主若苏文忠，谠论嘉言，群伦冠冕；

易名继左恪靖，文经武纬，百代旂常。

译学馆体操教习杨恩波

宏济艰难，擘画心劳卌余载；

公忠廉正，褒嘉诏下九重天。

译学馆体操教习彭国嘉

小子列秋曹，异属尚沾丞相泽；

老臣遗夏屋，同胞应作墓门庐。

译学馆检察官大理院推事辉祥

学问政治，荷圣朝眷遇维隆，定国计于仓皇，正人心于末路，比岁来事变迭乘，臣力已殚、臣年已老；

下吏寒儒，皆我公帡幪所隶，溯先民之矩矱，遗后进之追思，从此日泰山失仰，斯文谁属、斯世谁归。

译学馆检察官徐绍聃

精神矍铄，事必身亲，遥瞻南极老人，众望同钦文潞国；

鞠躬尽瘁，死而后已，岂独西州妇孺，失声恸哭武乡候。

译学馆检察官郭昌龄

引士类，戒党援，苏老泉讽议已遥，惟公独承宏旨；

正人心，端学术，张文达仔肩方谢，胡天复弃典型。

译学馆检察官沈慕周

帝简在王庭，名世风高，易箦犹闻陈大计；

星芒惊薄海，漫天雨泣，怆怀更为哭前途。

译学馆检察官杨宏诰

遗疏陈言，易箦未忘天下计；

公忠体国，立朝不愧大臣风。

译学馆支应官刘玉麟

五夜星沉寒北斗；
万民雨泣对西风。
译学馆医官曹志沂

伏波立海澜保障，刘宏作乱世屏藩，陶侃乃长江锁钥，韩幌则贡道梯航，半壁镇东南，楚水滔滔遗爱永；

甲午前旧学宗师，戊戌后新法巨擘，庚子间封疆重望，己酉中台阁元臣，大星陨西北，燕云黯黯众生哀。

译学馆丙级学生夏道焕

分陕以东，于召南颂江汉澄清，王室绵延资夹辅；
自秦而下，惟武侯具伊周学问，孔庭配享有勋臣。
译学馆丙级学生陈作年

才兼贾董，政酌中西，王道赖匡扶，柱石老臣方倚重；
理阐程朱，学赅汉宋，斯文持绝续，人伦师表痛云亡。
译学馆丙级学生田树藩

桃李遍天下，学校遍中原，遗范尚存，斯文不朽；
宪政未实行，教育未普及，公今已矣，谁其继之。
译学馆丙级学生万毓崧

瓣香忠孝，衣钵文章，念后起多才，桃李公门齐泪下；
白发忧民，丹心爱国，仰高风长往，烟波江上使人愁。
译学馆丙级学生孙百璋

公生于世，斯文有传，学者有师；
人之云亡，泰山其颓，梁木其坏。
译学馆丙级学生刘祖熙

心持寅畏，学励廉隅，治国本修身，相业于今垂不朽；
经设专科，学开存古，人亡犹政举，儒林从此识归依。
译学馆丙级学生平士履

纶扉翊赞，应变多方，荷先朝特达恩知，万世殊功真不朽；
长沙永亡，又弱一个，为学界同声痛哭，三年奇厄竟重遭。
译学馆丙级学生胡襄

宪政待颁，是先帝与荩臣临终恨事；
新学谁嗣，愿后贤补我公未竟勋名。
译学馆丙级学生陶大增

服官四十年，宗旨纯正，擘画精详，天语煌煌已成定论；
遗疏数百言，世道衰微，人心放恣，宦涂扰扰藉挽颓风。
译学馆丙级学生冯锡畴

端士习、正人心，他日蔚起群才，皆公硕画；
创立宪、支危局，胡天不遗一老，赞我皇猷。
译学馆丙级学生郑祖庆

出处不愧名臣，望重邺侯，遇隆苏轼；
学界长留遗爱，金铸范蠡，丝绣平原。
译学馆丙级学生萧辔均

天未丧斯文，经师人师，吾将安仰；
今不遗耆老，良相名相，古何以加。
译学馆丙级学生朱肇新

封疆重寄，帷幄深谋，溯一生伟烈丰功，岂待后学寻常论赞；
望若泰山，仰如北斗，愿同人成材励德，毋负我公教育殷怀。
译学馆丙级学生世年再再侄徐用明

继曾胡左李而还，翊赞熙朝，允推贤相；
研新旧中西之学，宣扬德教，普育英才。
译学馆丙级学生姻再侄门下晚学生高德光

大局系安危，遗疏切陈惟路事；
斯文惧沦丧，育才注重首经科。
译学馆丁级学生蓝嗣荣

为天下正学术，为国家培人才，缅想遗徽，何莽莽彼苍，遽尔忍心摧柱石；
论理财本养民，论教战先明耻，抗怀时事，痛茫茫大局，空留浩气壮河山。
译学馆丁级学生申寿慈

扬历中外逾卅年，寒素依然真儒者；
翊赞纶扉将二载，鞠躬尽瘁古名臣。
译学馆丁级学生徐炳昶

邪说等横流，斯世狂澜凭手挽；
士林涵教泽，一时薄海服心丧。
译学馆丁级学生陆绍鄂

陆宣公上不负君、下不负学；
武乡侯可以寄命、可以托孤。
译学馆丁级学生高文垣

使五岭以南学校如林，公为斯文，直到百年开厦广；
顾四郊之垒国家多难，天胡此醉，不遗一老待河清。
译学馆丁级学生王义宏

议宪政以固邦基，不愧两朝元老；

建学校而保国粹，允推百代师资。
译学馆丁级学生许祖倓

劝学有良规，北斗泰山，此去殊辜都士望；
饰终多异数，青天白日，九重实鉴老臣心。
译学馆丁级学生黄于协

定国家摄政规模，承统艰难，赖我公推诚翊赞；
际学界过渡时代，老成凋谢，恃何人援手提撕。
译学馆丁级学生王恕仁

佐先皇翊赞新猷，五丈星沉，十万生徒齐涕泣；
为宗国保存旧学，千秋论定，一生功业系安危。
译学馆丁级学生申寿慈

联盟捍患，定策兼祧，倚畀重枢廷，允矣，吊张元伯之丧，数郡毕至；
培养新知，保存国粹，勤劳彰学界，惜乎，继文达公而去，薄海衔哀。
译学馆丁级学生孔祥柯

负儒林宿望，远绍旧学，近启新知，教士有方，天下英才尽桃李；
为国家重臣，出任亹圻，入参枢密，骑箕太早，神州宪政甫萌芽。
译学馆丁级学生王尚济

惟帝能简拔纯儒，学界浑中西，岂仅创尊经创自强，得胡安定经义治事旧制；
何天不慭遗一老，勋名留史乘，即此读辅轩读劝学，见范希文先忧后乐胸襟。

译学馆丁级学生王任

以教忠明耻陶铸国民，劝学千言，谆谆此意；
合文苑儒林经纬相业，盱衡百代，荦荦数人。
译学馆丁级学生文成邠

立德立功立言，古称不朽；
保国保教保种，公谓其难。
译学馆丁级学生吴曾勤

中外闻名，忠如司马惟忧国；
始终典学，身比植鳍为列星。
译学馆丁级学生林振翰

四裔起居文潞国；
两朝开济武乡侯。
译学馆丁级学生王学敏

数十年正色立朝，不树党援，不殖生产；
一介臣鞠躬尽瘁，未酬志愿，未竟经纶。
译学馆丁级学生陈炳武

相业拟江陵而媲美；
士林悲广厦之遽倾。
译学馆丁级学生路毓祜

兴农工在朝议变法以前，举亿万众利用厚生，全基鄂渚；
敷政教于时局递更之会，俾数千年典章文物，不坠华风。
译学馆丁级学生宗俊瑄

教育得天下英才，硕画定学规，八百孤寒说遗爱；

惓怀在国家要政，弥留陈路事，九重雨露悼公忠。

译学馆丁级学生世瑞

才逾管乐，德比伊周，学术贯古今，方期鹤算添筹，我辈常沾化雨；

一代伟人，三朝元老，仁声溢中外，何意麟经绝笔，后来孰继英风。

译学馆丁级学生薛树屏

谥比左湘阴，今乃文章传海国；

功同李太傅，天留元老壮河山。

译学馆丁级学生贺葆经

道在中行，如我公不守旧不趋新，浩落古今同一体；

学于古训，并其身有文章有经术，风流儒雅亦吾师。

译学馆丁级学生曹钟瑶

保大局于濒危，任事之果，谋国之忠，统古今为罕见；

挽士风于既靡，律人以严，教我以正，如日月无得逾。

译学馆丁级学生宗俊贞

平生硕望隆千古；

悽怆招魂叩九阍。

译学馆丁级学生叶镜沆、叶镜璐

天道难论，正世事鷱虞，遽夺哲人摧柱石；

忠诚不泯，愿英灵来往，长留浩气作山河。

译学馆丁级学生乔曾劬、乔曾佑

鞠躬尽瘁殆三十年，泽被生民，功在社稷；

经济文章震九万里，远追韩范，近媲曾胡。

译学馆丁级学生齐翼、吴湘

读劝学两篇，经济文章，勋业允堪崇一代；
缅服官卌载，忠清坦白，讴歌岂仅永千秋。

译学馆戊级学生孔祥榕

天下处多事之秋，沧桑变局，镇以雍容，一编奏议千秋鉴；
故乡溯文明之始，江渚高楼，俨然风度，两行泪雨八哀诗。

译学馆戊级学生刘树仁

障东南七省，秉枢密两朝，自戊戌变政十余年，新旧分争，砥柱镇中流，手斡乾坤资郭相；

文起一世衰，道济天下溺，仅己酉立宪八阅月，规模略备，长城毁万里，情同妇孺哭温公。

译学馆戊级学生唐廷章

使我公早赞纶扉，救弊补偏，成就当不只此；
愿后人用其遗策，育材正俗，国家庶有豸乎。

译学馆学生李棠□、郑鹗

美谥继湘阴，因事有劳，一以武功一文德；
荩谋筹鄂路，鞠躬尽瘁，半缘老病半忧时。

译学馆学生江苏夏曾恒

輶轩遗语，劝学成篇，公实鲁国灵光，教泽流传应不朽；
宪政方新，世臣遽谢，我虽南州下士，私心景仰有余哀。

译学馆学生汪声

帝锡嘉名，与恪靖左侯，后先自应一辙；
士怀遗德，并长沙张氏，南北各有千秋。

译学馆学生张德芬

当代几名臣，具管夷吾天下才，惟公不愧；
立言关大计，读贾太傅治安策，举国含悲。
译学馆学生多祜

人是社稷臣，两载纶扉，勤劳国计；
泽流汉江水，八州子弟，望断公归。
译学馆学生田玉

论生平亮节高风，差与关西清白、南阳淡泊、温国肫诚，落落晨星，同此千秋无恙；
综先后讦谟硕画，留有鄂州奥略、太学遗规、中枢温树，琅琅奇绩，不随四大皆空。
译学馆学生徐仁铨

公之德业文章，固已生闻当时、没传后世；
今所悽怆感念，正以斯道何托、学者焉归。
译学馆学生张允亮、陶展谦

既有经济，复有文章，问世名才重青史；
不树党援，不殖生产，读公遗疏见丹忱。
译学馆学生沈权善

蜀学导先河，石室千秋文太守；
汉家托幼主，云霄万古武乡侯。
译学馆学生田光祖

中朝元老，硕果仅存，公望公才，社稷有灵留柱石；
海内儒宗，典型谁继，吾仰吾放，士民齐恸失山梁。
译学馆学生章鸿远

久任封疆陶士行；

宏兴教育范希文。

译学馆学生宋康师

宰相须读书，合茹古涵今数十年，发为元老壮猷，请看温室纡筹、大江保障；

文章能活国，只旧学新知一二语，留作吾侪名训，无虞六经束阁、三史填尘。

译学馆学生施宝章

数中兴而后，几人建树勋名，我武维扬，南越绥边琼勘乱；

问变法以前，是谁开通风气，遗篇具在，湖湘劝学蜀輶轩。

译学馆学生骆凤嶙

有曲江风度，负管仲奇才，绩懋三朝，勋业从知当代少；

仰诸葛大名，访文翁遗迹，香薰一瓣，讴思应是蜀人多。

译学馆学生冉永和

司马正大，卧龙清高，我公备矣；

劝学名言，遗疏良策，天下赖之。

译学馆学生宋怡

鄂州乃四通八达之场，铁轨将来，愿勿忽湖湘重镇；

安定以经艺治事为要，青衿具在，可能忘庠序遗规。

译学馆学生郑其深

商量旧学，培养新知，当代数儒宗，自有千秋公论在；

谨慎小心，鞠躬尽瘁，两朝资辅弼，何堪一夕大星沈。

译学馆学生孙时懋

秉政近四十年，有文章名世，有勋业名世；

哀声震九万里，为学界哭公，为天下哭公。

译学馆学生罗树梧

兴学始能储才，相业远超张太岳；
变法艰于勘乱，勋名高出左文襄。

译学馆学生张国宜

玉宇正高寒，风度楼前黄鹤去；
香山陈讽谕，天津桥上杜鹃哀。

译学馆学生何霁峰

诸葛名士，曲江风度，管子奇才，颉颃惟史册数人，合儒家、法家、政治家，大书立传；
粤海波澄，鄂渚云飞，吴江枫冷，锁钥虚东南半壁，与学界、军界、工商界，同声哭公。

译学馆学生陈国士

其功安社稷，其学志圣贤，千秋史册之光，何殊唐代赞皇、宋廷司马；
在天为星辰，在地作河岳，此日舟车所至，看有士林涕泪、万姓讴思。

译学馆学生沈兆奎

八表费经营，忽顷刻千秋，先生去也；
斯文谁维系，问万方一概，吾道何之。

译学馆学生沈宗云

忆当年国事多艰，赖公与刘忠诚坐镇东南，保全大局；
即今日学风蔚起，问谁继张文达总持教化，乐育英才。

译学馆学生龚兆荣

允推天下才，看当年朝聘会盟，争识潞公英表；

多栽庙前柏，知他日岁时伏腊，犹寻丞相祠堂。

译学馆学生饶祖贻

文章勋业，声施烂然，雅有古大臣风骨；
旧学新知，名言不朽，留为今多士楷模。

译学馆学生陆长丰

忧乐与天下相关，微闻遗疏陈情，易箦不忘匡国计；
庠序乃我公手定，追忆名言劝学，抚篇犹见作人心。

译学馆学生余彭龄

名相事业，名士风裁，更清操凛然，身后只余桑八百；
斯世元勋，斯文宗主，忽前修邈矣，心丧岂止客三千。

译学馆学生胡庶华

世界正东西大同，知识互换，文明竞争，惟劝学两篇，能补昌黎原道论；
荆襄为南北锁钥，轮轨交通，工商林立，登岘山四顾，怕读羊公堕泪碑。

译学馆学生陈国栋

其生也荣，其死也哀，宰辅如公孰继武；
吾将安仰，吾将安放，昊苍何意丧斯文。

译学馆学生王鼎昌

魂兮归来，应有英灵翊王室；
公真不朽，岂徒遗爱在吾湘。

译学馆学生沈镛

同是变法国强，荆公有知，应多愧色；
自矢鞠躬尽瘁，武乡而后，仅见斯人。

译学馆学生胡公著

经学失薪传，国粹谁存，四海文人应堕泪；
庶事皆草创，老成遽谢，八年宪政孰仔肩。

译学馆学生项大任

尽力匡时，本道德以济艰难，无愧三朝硕辅；
实心劝学，贯中西而宏造就，允为百世宗师。

译学馆学生鹿学冲

谥继左文襄，将业千古，相业千古；
人思韩祭酒，歌遍天涯，哭遍天涯。

译学馆学生刘展兰

宰相独好儒，共说斯文应未丧；
苍生今失仰，愈知一羽渺难攀。

译学馆学生言雍然

劝学一篇，如读道德经五千语；
清风两袖，仅遗武乡侯八百桑。

译学馆学生晏才猷

秉钧衡惟著忠勤，尽瘁鞠躬，死而后已；
论学术兼融新旧，山颓木坏，吾将安归。

译学馆学生张泽嘉

天鉴一生心，旧学新知，四海响风当代少；
主恩三持节，林前胡后，八州遗爱独公多。

译学馆学生年愚再侄李逊

一疏足惊人，不殖生产，不树党援，名公钜卿，汗颜斯语；

千言曾劝学，始以教忠，终以去毒，后生小子，服膺是篇。

译学馆学生年再侄陆继融

学问贯今古中西，开廿三省文明，公为领袖；
勋名媲曾胡左李，历四十年劳瘁，帝鉴清忠。

译学馆学生钟鹤年、钟凤年

降河岳神，生申及甫；
读诸葛赞，匪伊则皋。

译学馆学生刘毓珣、苏绍唐、刘毓琪

外资屏翰，内赞纶扉，伟烈震环球，名齐衡湘淮皖诸贤，犹幸神州存国粹；
世变方殷，老成遽谢，中流失砥柱，我为社稷苍生一哭，讵徒学界痛山颓。

法律学堂学员乡年愚侄廖儒宗

立德立言立功，公其具三不朽；
曰清曰和曰任，合而称百世师。

顺天学堂教员王元稺率男学部调查局行走学来

任以天下国家为重，历世多艰，始信圣贤传政术；
古有女师德象之篇，感公劝学，岂徒尸祝遍儒林。

京师女子师范全体学生

一代儒宗大手笔；
千秋女界永心香。

京师女子师范学堂学生张秀兰、解志斌、范振华、刘永英、尹掬、刘静容等

以欧阳子教人，侍坐尽闻坡老语；

痛司马公谢世，及门同赋后山诗。

广雅书院无邪堂弟子

教泽本无穷，两回手拓菱湖，邹鲁荆衡亲榜署；
索居思往事，一瓣心香楚学，岁时风雨拜祠堂。

经心书院、两湖书院弟子

射策掇巍科，名动宫闱，恰如玉局殊荣，特俾股肱遗圣主；
讲筵侍正学，愧承衣钵，何意金台秋寂，顿教手足启门人。

两湖书院弟子

无生产，无党援，遗疏数行真宰相；
有文事，有武备，同堂何日报先生。

两湖书院正学堂弟子

瞰雄楚擅神州奥壤，总揽大江形胜，上下游实扼中枢，数年牖户绸缪，岂仅在轮轨四通、戈船再振；

忆元老抱忧国沉思，偶临水榭徘徊，二三子曾亲撰杖，此后岁时凭吊，最无奈菱湖秋雨、桃坞春阴。

两湖书院正学堂弟子

岁月媲尼山，回忆曳杖高歌，凤鸟愈遥，河图愈古；
流风绍湘水，争传易名特典，经天曰文，辟地曰襄。

两湖总师范学堂斋务长易奉乾

政术行六分，学术行五分，只两言自道生平，功在斯民四百兆；
诞年以丁酉，殁年以己酉，刚八月并垂纪念，寿齐先圣七十三。

两湖总师范学堂斋务长易奉乾

算衮衮台端，公真特出，前无古，后无今，赤手能扶此洪荒以来万难堪之危局；

叹依依门下，我即菲材，受知深，相知早，扪心何敢用平常所立三不朽为谀词。

两湖总师范教员受业吕承源

全局系安危，即论力保东南，已自元黄同再造；
作人兴教育，不独泽流湘鄂，长仰宗风哭大师。

两湖书院学生受业陈嘉会

中兴之后，维新之初，临大事，决大疑，当代忠纯自千古；
世变方殷，立宪方始，建奇功，定奇策，同朝耆旧更谁人。

两湖书院毕业生受业周震鳞

重写抱冰弟子记；
待刊堕泪岘山碑。

江汉书院弟子

三朝翊戴匡扶，展也大成安社稷；
廿载生聚教训，古之遗爱在湖湘。

湖北陆军学堂学生等

自昔云然，身历夫越吴晋楚诸邦，敷文教，振武功，裕国安民，谋猷共仰，既电谕乘龙北上，知其台阁独登，翘首中朝贤令辟；

而今已矣，眼观乎咸同光宣四代，重外交，修内治，经天纬地，奏议俱存，忽邮传跨鹤西归，恨未祭筵亲奉，伤心来世再同游。

陆军正、副军校学生周崇勋、陆绍瀚

保国保教保种，合为一心，临大节不可夺；
求仁求智求勇，知斯三者，微先生谁与归。

受业曹元弼率湖北、江苏存古学堂诸生

问先后替人谁，梦梦天心，一老不遗，三强未服；
为眼底苍生哭，潸潸雪涕，公谊如此，私恩奈何。
湖北存古学堂吕承源等

竟随先帝神游，未尽勋名谁更补；
犹见荩臣心事，临终遗疏最堪悲。
湖北存古学堂经学科学生曹履林、范定远、陶焜、李习璜

南国讴歌思召伯；
北门锁钥失莱公。
湖北存古学堂经学科学生刘邦骅、张秉直、陈纪、罗树蘅

尽瘁鞠躬，开济两朝齐诸葛；
泰山北斗，师资一代仰昌黎。
湖北存古学堂经学科学生刘焕章、刘洪钧、刘逢壬

开咸同以来士大夫朴学之先河，畛域融汉宋中西，崇笃实，黜浮华，抱道在躬，公意岂存新旧界；

补曾左而后诸君子匡时所未逮，勋业拟方召申甫，继中兴，奠危局，嘉猷入告，天心无陨辅枢星。

湖北存古学堂经学科学生邓勋、池泽民、鲁济恒

立德立功立言，法于天下，传于后世；
得名得禄得寿，其生也荣，其死也哀。
湖北存古学堂经学科学生金慎缄、韩春甲、刘光藜

功业本难名，溯殷勤立学，开广厦，造众材，准古酌今，忧乐并关天下计；

楷模留在昔，期付托得人，启文明，存国粹，通经致用，规随还望后来贤。

湖北存古学堂经学科学生刘人煦、傅恒谦

挺生数千载后，兴学育才，手障狂澜，群言淆乱惟衷圣；
入相二三年间，鞠躬尽瘁，心存报国，遗表忧勤更矢忠。
湖北存古学堂经学科温允恭、刘英才

文字炳千秋，会通中外古今，披劝学一编，振聩启聋，功迈昌黎原道上；
经猷维百世，调剂盈虚消息，读变法三折，忠君爱国，心方诸葛出师长。
湖北存古学堂经学科学生尹荣德、舒辉浓

甄陶遍七泽三湘，吴传言子，蜀仰文翁，学案纂南皮，愧我是再传弟子；
功业媲四岳八伯，妇孺知名，蛮夷致问，中台高北斗，唯公实一代完人。
湖北存古学堂史学科学生刘衍益、姚景范、金堪龙、刘日斩、林兆棠、王斌、王作藩、彭祖寿

遗爱在东南，只今举市志哀，泪堕万家思岘首；
传经融汉宋，忆昔开堂受训，心香一瓣敬南皮。
湖北存古学堂史学科学生陈瑞、杨洪、杨中璇、黄国珍、袁介之

卅年秉钺，四省开牙，革故鼎新，惠泽敷晋粤江楚以外；
一代大儒，三朝元老，托孤寄命，勋名是曾胡左李所无。
湖北存古学堂史学科学生熊道琛、高铭恩、皮曾荫、陈范

勋业壮山河，为国为民，历仕以来心北面；
公忠昭日月，有始有卒，中兴而后首南皮。
湖北存古学堂史学科学生刘澂、吴肇基、李承广、杜宏治

辅轩有语，广雅有集，劝学复有篇，文章从经术得来，羡家法相传，直承博望通今、曲江鉴古；

入为侍从，出为封疆，中兴为枢辅，事业历艰难愈显，痛台星忽陨，不禁泽怀召伯、泪堕襄阳。

湖北存古学堂史学科学生洪祖培、苑彪如、周祖焕

论勋业实近代所稀，如刘汉武侯，如李唐邺侯，一老憖遗，哀思何只同岘首；

著文章亦超世独立，是东亚理学，是西欧哲学，千秋鉴在，风度犹应抱曲江。

湖北存古学堂史学科学生陈泽溥、何正芬、李德填

遗泽在湖湘，频年教养兼施，著手端能持大体；

哀思动朝野，此日师生聚哭，伤心岂独感私恩。

湖北存古学堂史学科学生朱承铭、梁树东

我公受先朝特知，迨归朝命相，忠忱耿耿，力挽世风，尽瘁鞠躬，伟烈丰功难指数；

小子承述古家训，记存古开堂，面谕谆谆，保全国粹，不堪回首，山颓木坏有心丧。

湖北存古学堂史学科学生彭思敬

旧学读破万卷，新法博通五洲，多艺多才，巍然一老灵光殿；

美政传咏荆南，大星惊陨冀北，感时感事，怅矣千秋堕泪碑。

湖北存古学堂词章学科学生王世永、许咸章、夏道焕、邓咸寿

生前劳瘁，身后哀思，矢一片公忠，饶有武乡遗范；

学贯中西，识通权变，定百年大计，洵为华夏伟人。

湖北存古学堂词章学科学生张祖良、张祥鸾、黄鼎铭

近法远师，是公门再传弟子；

人微道丧，为天下一哭斯文。

湖北存古学堂词章学科学生王兴仁、雷文豫、阮向

枢府为国家重寄，圣眷方隆，公忍弃莽莽前途，遽归上界；
经术推昭代宗工，斯文未丧，我一哭滔滔天下，谁是人师。
湖北存古学堂词章学科学生王铨

江汉仰文宗，学在四夷，教朱育通卅六国语；
朝廷资哲辅，天遗一老，痛许衡至七三数穷。
湖北方言学堂管理员、教员率学生等

为中兴定策，力举全球区画，如公真是补天以石；
与上圣齐年，悲深端木衰颓，恨我不能筑室于场。
方言学堂教习受业吕承源

天胡丧斯文也，老拜皋比病未能，伤如之何，人师难得；
帝思日赞襄哉，昔歌虿尾今谁嗣，死且不朽，蛮荆来威。
门人黄嗣东率阳夏学堂教员、学生

北方硕学，南国大藩，一电建保全，半壁河山尘不起；
吾道未成，我公遽逝，素心怀望见，每悲韩尹泪自来。
优级师范教员徐体乾、耿杰灵

正学伟画起神州，楚材争向天边种；
抱冰深情悲逝水，胥涛应摄海门潮。
武昌南省中学堂中小附学各学堂学生受业左全孝等七百六十八人

一代仰大儒，合古今新旧学术皆通，绝胜关西孔子；
万全资至计，乃宗庙社稷安危所系，岂但江左夷吾。
湖北第二中学堂教习前蕲水县教谕门下士彭邦林

参机要在廿载之前，中国决不至此；
乘箕尾迟十年以后，大局犹有可为。
湖北铁路学堂学生

朝野仰耆英，忆两次手定洪艰，岳雨岱云钦伟绩；
荆衡涵教泽，恸一朝神归列宿，江深汉广咽寒涛。
湖北商业学堂全堂师生

四十年尽瘁鞠躬，每饭不忘天下计；
廿二省内忧外患，遗章犹系老臣心。
留东毕业湖北学院安钟愔等

无生产，无党援，心术本至公，中兴以后一元老；
是纯儒，是名相，国家正多事，大功未竟万民哀。
湖南游学日本毕业生舒群

士民洒泪倾江汉；
中外同声哭斗山。
留日高等工业电气科学生黄曾铭

赵清献为相，以经籍光作根本地；
苏明允有言，不悲身死而忧国衰。
鄂生杨兆奎

前文襄功在西陲，后文襄功在南服；
新学界公推巨子，旧学界公推元勋。
两江法政学堂

新学赖公而启，旧学赖公而存，沟通五大洲，陶亚铸欧真巨子；
乱时其功在安，治时其功在创，维持四十载，经邦造世一名臣。
两江师范学堂监督李瑞清

手笔迈张燕公，勋业迈张江陵，中外觇相臣，衮衮同朝艰继武；

明道如韩国子，坐镇如羊叔子，东南遗教泽，莘莘多士范斯文。

两江师范学堂监学李鸿才、戴汝定、汪律本

生平以益阳自期，不劳甲胄，保定东南，海国当年传伟略；

讲学在湖州之上，兼备中西，教成子弟，楚材从此祀先师。

江宁四区小学教务长两湖书院学生李薁

三朝耆宿，一代元勋，卌余年辅世长民，方期宏济时艰，长佐纶扉施宪政；

北岳英灵，西江保障，十四郡承流被化，忽听遥传仙逝，齐瞻遗像动悲吟。

南昌中学堂附设高等小学堂员生等

教宏东鲁，政采西欧，审世变而道中庸，人应信不为新党、岂为旧党；

宠逾霍光，廉同原宪，推慈恩以兴乡里，我更钦未建草堂、独建学堂。

慈恩学堂堂长余光辅

星气陨津南，空使大名垂宇宙；

学风开楚北，还将余泽镇乡闾。

慈恩学堂教员刘鹍华

遗爱莫能忘，安得广厦千万间，大庇津南寒士；

殊恩未曾报，竟使同乡二三子，痛哭泉下忠魂。

慈恩学堂教员姚荫祖

政治家亦教育家，四十年纬武经文，仕学都成真事业；

衣食我复训诲我，三五载瀛东楚北，栽培煞费苦精神。

慈恩学堂教员闻桂馨

学术综汉宋为一家，直接乎孔孟程朱之黜邪崇正；
运会值华洋相竞长，更难于曾胡左李之外攘内安。
慈恩学堂庶务员高汝桐

维新政治自公开，放绝大光明，遍索今昔名臣，知难拟议；
斯道主持更谁寄，有无穷哀痛，岂徒二三小子，怆失依归。
慈恩学堂学生

使人臣尽廉正如公，国势当不忧贫弱；
惟尔日以文明觉世，学风始大见开通。
慈恩学堂附属小学堂教员杨汝荣

继召伯以矢公忠，时局维持更四代；
后宣圣而兴教育，新学发起第一人。
慈恩学堂附属小学堂教员黄景星

英灵归天上，才如管仲，学如韩子，廉如王祐，忠如武侯，自来梁木泰山，门墙高仰三千丈；
功德在人间，南而楚江，北而吴都，西而晋阳，东而粤岭，从此铸金刻石，闾里悲歌亿万家。
留东畿辅学生田煜璠

忆当年负笈东游，劝立品，劝勤学，并戒交友树党援，如斯训诲谆谆，为后生指示迷津，曾日月几何，竟尔息肩归净土；
痛今夕骑箕西去，哀国家，哀人民，尤怜士林失表率，从此音容渺渺，问谁氏支持危局，念典型宛在，能无仰首叹苍天。
留东畿辅学生田煜璠

才华焕一代星云，存古风，保国粹，兼通时务，况冰壶自矢，尤传百世芳徽，声望播中原，若言道德文章，当不在燕许程朱而下；

恩宠承四朝雨露，登馆阁，任封圻，遂秉钧衡，洎玉几弥留，复受两宫顾命，英雄观晚节，即论功名事业，亦应居范韩姚宋之间。

留东畿辅学生田煜璠

筹边老卫国，定策胜韩公，物望三朝名不朽；

翰苑传敬舆，沔阳祠诸葛，相才千古世无多。

江西谘议局饶州府属议员程运熙、吴宝田、曾秀章、戴书云、汪龙光、郑国玮、许凤钧、黄钟等

硕望在寰宇多年，方期整纪饬纲，长展经纶维大局；

老成膺河山重任，值此国疑主少，那堪柱石陨中朝。

江西商务总会

时势际艰难，弥缝万变资元老；

文章留宇宙，惨澹三台落大星。

南昌武溪市禁械公所附设自治研究会绅董等

文教武功，想广雅堂前、镇南关外；

清名直节，比阮元竹隐、宋璟梅花。

广东士民

李有武定，于有金坛，左有湘阴，易名两字相符，昭代特褒贤宰相；

福如富平，学如曲江，才如太岳，间世一家遥接，元勋突过古传人。

旅赣广东部民叶佩玱、彭腾瑞、黎廷辅、麦锡民、史悠颐、黄立权、冯渐逵、陈泰阶、叶恭绅、徐绍棨、叶培椿、符朝松、许应铉、赵士北、赵峻、曾毓焜、张元溥、何肇模、饶宗羲、黄元直、邱锡渊、谢君谷等

当年以种植学暨土耳其图志见知，辞西席不居，抱惭胡极；
惟公之易名典与恪靖侯后先并美，正中原多故，赍憾而终。
举人衡阳左维麟

社饭语酸辛，更堪涑水新丧，倍觉伤心感元祐；
太牢礼殷渥，果念曲江遗疏，绝胜遣使祭韶州。
福建举人林纾

全局奠东南，虽贱子未见公，江汉朝宗，颇忆纡筹曾借箸；
大名动中外，惟重臣能干国，云霄遗像，待求事状为征铭。
甬上后学张美翊

庙谟襄立宪，功在生民，从兹国运更新，再造勋劳同创造；
经说采兼祧，摇于吏议，所赖片言定策，召公事业亚周公。
后学项骧

如公系大局安危，我亦恤纬不遑，即事当为天下恸；
后世拜忠臣遗像，今日束刍致奠，去思犹作部民看。
善化谭绍裳

天授奇才，是特为社稷而生，楚尾吴头尤再造；
世无斯人，不当在弟子之列，泰山北斗又千秋。
皖湖周正升

平生最爱乐天诗，知服斋头，一品集成亲校字；
小子学作泷冈表，抱冰堂上，十年情重允题碑。
广东部民龙凤镳

国而忘家，公而忘私，亦犹行古之道也；
损以远害，益以兴利，岂不诚大丈夫哉。
山东民人李宝琛

于今枢密持衡、封疆变法，白头肩钜任，劳形国是，胸有千秋，是累朝圣泽钟灵，弁冕群臣无愧色；

忆昔尊经襄校、江汉论文，青眼及寒儒，叩别旌麾，时逾十稔，痛一夕大星陨地，经纶危局属何人。

部民杨庆长

大事表书不一书，匡国再膺凭几命；

列圣心慰之又慰，议祧两妥在天灵。

鸿顺

数历朝宰辅，无此勋猷，自督两广督两江督两湖而入赞纶扉，学业事功，当代群称新建伯；

救大局忧危，实兼创守，合图文襄靳文襄左文襄之同心经世，易名赐谥，哭公泪堕岘山碑。

王国宪

勋名太岳，文采曲江，只手撑半壁东南，伊古来如公有几；

陆海军人，旧新学者，同声哭两朝元老，而今后牖我其谁。

朱友英

奏议数万言，千古文章大手笔；

驰驱四十载，三朝宏济老臣心。

顾信成

宗孔郑存古遵经，斯道有传人，共诵先生爵里；

比管乐建功定策，盛朝资佐命，进瞻丞相祠堂。

津郡后学高振鋆

公与先君交四十年，春秋责备独严，潞国能容唐介疏；

帝得圣相督七行省，江汉去思弥永，襄阳争树岘山碑。

乡后学刘庚莲

入政事堂，与袁项城不愧两贤，斯世尚多艰，一去一亡天下痛；

结耆英社，偕孙寿州可称二老，彼苍忽垂象，惟南惟北大星沈。

乡后学刘庚莲

封守则成功，烂焉，帝有恩言，永奠东南半壁；

谟猷之入告，嘉矣，公胡死继，可齐前后出师。

乡后学张璠

诸葛武侯尽瘁，死而后已；

司马温公弥留，语不及私。

乡晚尚秉和

当代一个臣，想光绪去年十月；

南皮两相国，痛文襄今日千秋。

乡晚张尔功

应变成天下之务、守文持天下之正，勋业儒宗，公真不朽；

溯患难总角之交、际沧海横流之世，人亡国瘁，我独何堪。

姊婿鹿传霖

予谥特荷恩荣，曰文曰襄，不愧勋名播中外；

持节曾为保障，惟江惟汉，定知魂魄恋东南。

姻世愚弟瑞澂

一身系天下安危，以班马学，建伊吕功，文苑名臣，信史千秋同不朽；

三载为幕中参从，与谌纪交，联潘杨谊，感恩知己，荐书重读可胜悲。

头品顶戴河南布政使姻世愚侄朱寿镛

德在爱才，言在兴学，功在保东南，平生三大端，盛业自古今不朽；

诸葛之公，清献之廉，曲江之风度，上下千余载，亮节与先后同符。

姻世侄高毓浵

八表经营，合西乡榎本之勋，永垂不朽；

九重顾托，问召奭霍光而后，孰济于艰。

江苏知县姻世侄朱春林

居近西厓，德业文章两辉映；

名齐君宝，儿童走卒尽哀思。

姻世愚侄范迪襄

与勤恪为羊杜至交，两粤讴吟，岂独岘山传堕泪；

共文忠定东南大计，中朝震悼，又闻海国动哀思。

姻年愚侄李经畬、李经楚率子、侄李国成

忠荩事三朝如一，懿惟大儒，出为社稷臣，早膺疆节，晚掌纶扉，实启中原闳局，矧昔东南保障，数省尤赖扶持，佐宪政日月重熙，得英才教育，勤施四方，共仰朝廷相司马；

先达溯十科有五，猥以后进，忝兼年家子，初谒秣陵，再瞻京雒，屡聆元辅名言，奈自左右睽违，千古空存淑艾，读遗疏堂廉震悼，痛国步艰难，不慭一老，岂徒江汉哭羊公。

常镇道年姻侄刘燕翼

扬历中外卌余年，合教育军戎交通实业而竭尽忠谟，鄂渚记同舟，感当时朝夕提撕，至今日皆如梦幻；

参考东西数十国，分行政司法集会结社以变更治体，掖垣将立相，问谁氏艰难宏济，补我公未竟经纶。

署河南提学使姻愚侄孔祥霖

救时见贤相苦心，劝学一篇，采取尊王主义；
铸相留斯民遗爱，垂名千古，文明有道国家。
山东补用知府姻愚侄高令喆

论勋业驾文正文襄文忠而上，恢复南京，扫平西域，交和外洋，是皆将帅材也，公独以枢垣坐镇，定大计、决大疑，寄命托孤，足对列祖列宗，无惭地下；
溥德化于两江两广两湖之间，水陆练军，教育养士，制造兴工，岂仅学术臣乎，事多从史鉴证来，存国体、保国粹，鞠躬尽瘁，自当为河为岳，常在人寰。
姻愚侄袁朴、袁桢

受顾命还，书记周公留保奭；
为天下恸，我如苏轼哭欧阳。
受业姻愚侄高树率弟楷，子辉、铎、怟等

百载耆硕，集曾胡纪阮为大成，世奉之如泰斗，慨自遗弓天上，攀髯竟遂孤忠，忧国到弥留，一片精诚告当扆；
四世交亲，惟道义事功相敦勖，复申之以婚姻，回忆运甓斋中，抵掌纵论朝局，并时谁继起，十年尽瘁障横流。
姻愚侄吴士鉴率子待馆孙婿承湜

能断能谋，顾命托元勋，天不憖遗一老；
谁毁谁誉，大名垂宇宙，公原自有千秋。
四川布政使姻世再侄王人文

蕊榜世交、葭莩末戚，愧当年奖励亲承，镇静清能，后起英才曾勖我；
文章报国、经济匡时，痛一旦老成凋谢，忠纯廉正，名臣列传首推公。
陆军部司法官道衔郎中年姻世再侄包延祺

功在社稷，德被黎元，公真尽瘁鞠躬，庶政维新期报国；
学贯中西，望尊山斗，回忆随行隅坐，两年私淑侍谈经。
姻世再侄濮贤懋

宰相用读书人，昊天何不遗一老；
燕公为大手笔，名臣固自有千秋。
姻世再侄汪秉忠

黉序并规，军容改制，丝枲节化，车轨混同，维新诸大政，皆粤鄂肇基，德毕相、日岛津，将毋伯仲；
乙酉摧敌，甲午绥疆，庚子弭兵，戊申定策，国事几艰危，惟元臣开济，唐燕公、宋魏国，少此勋名。
姻再侄刘若曾

一代峙龙门，未随吾党步趋，矫枉自知前日过；
千秋付麟史，即论平学生术，博通已觉后来难。
姻再侄冒广生

只今宪典频更，忆传观飞电千言，私议望为马君实；
毕竟文章可寿，有写定新诗万本，词宗再见李西涯。
姻再侄苏舆

薄海仰风裁，管乐有才原不忝；
路人纷雨泣，乾坤未奠复何云。
姻再侄倪惟俊

鼎湖龙去，天地同悲，惟公顾命元臣，建议慰安中外望；
辽海鹤归，朝野太息，况我迂疏后学，论材谬负哲人知。
门下姻再侄陈云诰

坚卓诚信类司马温公，上相镇华夷，盛名早播九万里；

鞠躬尽瘁似卧龙诸葛，清声遍朝野，没世空余八百桑。

姻再侄陈云官

大局既安从两圣；

上台忽陨戒三秋。

姻再侄唐尔铭

文章政事炳寰区，百城汗漫，八表经营，间气毓元勋，绩业传留，从此云霄万古；

谋国筹边关至计，石画庙堂，金汤疆场，怆怀溯名世，英灵常在，不教海水群飞。

姻再侄黄厚成

司马温公一生得力在读书多，虽至老不倦；

东里子产知我之哭为国家痛，岂仅系其私。

甥婿徐坊

十三年追随杖履，诲我谆谆，每思道德文章，回首典型空想像；

一万里远隔音容，中怀耿耿，讵料山颓木坏，伤心樾荫更谁依。

年世愚侄侄婿程宜福

功在社稷、泽被生民，忠荩历三朝，四十载砥柱中流，如此完人有几；

政法西欧、经传东汉，文章留万古，五千年斯文未丧，何堪梁木遽摧。

年世愚侄侄婿程宜福

相业匡时，一身系天下安危，公诚无愧；

九重震悼，嗣后肩国家艰钜，帝曰何人。

年世愚侄侄婿程宜福

报国本公忠，麟阁高勋，千古声名垂不朽；
型家敦孝友，鸰原半子，廿年恩谊感无涯。
侄婿朱延熙

昌黎妻李翱以兄子，讲文析道，为益之厚；
眉山祭永叔于师门，上恸天下，下哭其私。
受业侄婿吴敬修

六经绝学两楹奠；
八月秋风五丈原。
受业侄婿吴敬修

公真自命千秋，垂卅年出领畺符，入秉钧轴，奠安中外，丕著忠勤，国尔忘家，惟树党营私是戒，合政事文章学问，皆有古人风，记平居便坐雅谈，久亲教诲，得其余绪，均堪沾溉后生，独奈何撰杖偶违、骑箕遽逝，澜回川障，危局奚支，北阙眷前劳，褒功特重易名典；

天不慭遗一老，痛两圣同归苍昊，专倚元臣，致泽君民，正资匡济，时方多难，乃鞠躬尽瘁以终，无尊卑疏戚贤愚，佥为斯世恸，矧贱子孤根薄植，早荷甄陶，愧我非才，谬许清华称职，叹从此琴材孰赏，圭玷谁磨，栋折榱崩，隐忧曷已，南宫怀夙契，尚德当酬知己恩。

受业年如侄侄婿林世焘

休休遗爱世难忘，救时何啻郑侨，通籍诵宏文，惠义及民，洵推众母；

蹇蹇孤忠天允鉴，受赐直同管仲，易名昭茂典，功勋在国，特表劳臣。

受业年如侄侄婿林世焘

论情则义重博施，论恩则感深知己；
在朝则怆怀柱石，在家则恸见杯棬。
内侄侄婿王崇烈

勋隆中外，身系安危，一夕大星沈，岂独哀思遍江汉；
公自冰清，甥惭玉润，十年慈荫在，那堪回首望京华。
子婿卞綍昌

不治生产，不树党援，扬历四十年，廉正无惭天语；
在天日星，在地河岳，纵横九万里，古今有数人才。
侄孙婿李国杰

杨震清白吏，汲黯社稷臣，帝曰廉正公忠，九原有知，固应无憾；
张说大手笔，韩琦真宰相，古称政事文学，斯人不作，吾谁与归。
侄孙婿李焜瀛

司马温公病革不自觉，以身付医，梦语谆谆天下事；
诸葛丞相临表而涕零，鞠躬尽瘁，忠谋謇謇大名垂。
侄孙婿李焜瀛

范韩望重，山斗同钦，国家养士二百年，得此名儒，有此名相；
王谢门高，茑萝忝附，小子伤心十五载，昔哭文达，今哭文襄。
侄孙婿沈学范

名并沈林，学赅纪阮，勋猷更接曾胡，寰海哭元臣，从此具瞻失北斗；
训亲桑梓，谊托松萝，培植又侪桃李，江湖闻噩耗，那堪长恸过西门。

知江西余干县事愚表侄侯青照

公真名世才，事业文章，能使全球齐俯首；
我为天下痛，危疑震撼，从今砥柱更无人。

愚表再侄刘树鑫

栋梁惊摧，千载汗青传政学；
葭莩幸托，一门历碌感帡幪。

表侄孙张心煦

陶公镇上游，白叟青矜各私祭；
谢傅功再造，帝辅王师有大儒。

表侄孙刘炳震（集广雅堂诗句）

文章勋业自千秋，史册扬芬，不待小言宣伟略；
朝野君民同一哭，茑萝怀旧，岂徒累世感私恩。

表侄曾孙刘新

谟猷入告，社稷以安，痛两宫顾命殷拳，方冀老成长夹辅；
忧患未平，栋梁遽折，为大局厄运恸哭，讵因任恤感私恩。

内侄王崇焘

九龄本正色立朝，即公遗疏千言，当封岭表曲江墓；
安石以笃疾旋旆，恨我秋风一病，未侍东山别墅棋。

内侄王崇焘

范彦龙弱岁依袁，教养恩深，愧煞庸才终潦倒；
召康公高年辅政，讦谟虑远，谁为替手济艰难。

内侄石镇率子淦

沧海横流，后顾茫茫谁柱石；
新亭恸哭，中心耿耿到山河。
弥甥王阔城

不殖生产，不树党援，遗疏能教天下信；
廉正无私，公忠体国，纶音尤令举朝思。
缌服甥刘曾枚

勋高册府，学蔚儒宗，四十年任钜肩宏，异域名钦文潞国；
天步方艰，台星遽陨，亿万姓铸金制颂，丰碑泪堕钜平侯。
宗侄昌庆

一电顿惊魂，恐此后叠起狂澜，力障群流无砥柱；
半生嗟落魄，忆从前两依慈宇，身怀异宠愧铜盘。
侄叔鹤

学宗孔孟，治法伊周，忠直振王纲，长此勋名光日月；
廉媲李杨，仁侔阮谢，恩施敦族类，追怀慈惠感云天。
侄永荫

运筹措天下胥安，震撼危疑，开济两朝当代少；
侍坐历武昌最久，饮食教诲，追随廿载受恩多。
受业侄榛

廉介似于清端，博雅如阮文达，综卅载外交内治，实与曾胡齐肩，际兹时局阽危，那禁擎天梁木坏；
存古作輶轩语，知新著劝学篇，挽末流锢习颓风，尤赖江楚奏议，方幸光明渐启，讵料蓦地大星沈。
侄仁辅、仁瑾，侄孙开运，侄曾孙宗芳、宗芙、遵旭

评议庸何伤，功德具存，没世允堪三不朽；

责望久弥厚，忧劳莫赞，拂公只为百无能。
受业侄曾孙曾扬

念旧感情殷，忆曩时衣锦荣归，一面竟邀钟厚爱；
赐金苏涸困，恸此日哲人长往，终身无计报深恩。
侄曾孙廷桀

其学问沟通中外，其勋业保障东南，两字易名原定论；
在昭代痛失重臣，在吾宗惊伤族望，九秋挥泪写哀铭。
侄元孙荣守

闻耗望京华，国家倚畀谁资，岂我独深犹父痛；
伤心忆夫婿，骨肉凋零相继，念公重触未忘悲。
适黄氏大功服侄女芸率外侄孙黄曾谘、曾延、曾武

痛哭失藁砧，生死交情，地下元亭重问字；（“生死交情”四字，季父挽先夫语）
飘零成柳絮，岁时宴集，山邱华屋益伤心。
适黄氏大功服侄女芸率外侄孙黄曾谘、曾延、曾武

——以上皆录自《张文襄公荣哀录》

挽张南皮相国
庙谟周召虎；（苏轼）
书癖杜荆州。（高适）

——见于慕寿祺《求是斋楹联汇存》

参考文献

1. 赵尔巽，等. 清史稿. 北京：中华书局，1977.

2. 钱实甫. 清季重要职官年表. 北京：中华书局，1977.

3. 苑书义，等. 张之洞全集. 石家庄：河北人民出版社，1998.

4. 许同莘. 张文襄公年谱. 台北：台湾商务印书馆，1969.

5. 胡钧. 清张文襄公之洞年谱. 台北：台湾商务印书馆，1978.

6. 吴剑杰. 张之洞年谱长编. 上海：上海交通大学出版社，2009.

7. 张继煦. 张文襄公治鄂记. 台北：台湾开明书店，1966.

8. 俞冰，马春梅. 新编张文襄公事略. 北京：学苑出版社，2006.

9. 张文襄公荣哀录. 北京：北京集成图书公司，民国铅印本.

10. 王树枏. 张文襄公全集//续修四库全书：第1561册. 上海：上海古籍出版社，2002.

11. 庞坚. 张之洞诗文集. 上海：上海古籍出版社，2015.

12. 广州图书馆. 张之洞致张佩纶未刊书札. 桂林：广西师范大学出版社，2012.

13. 武汉市档案馆，武汉博物馆. 张之洞与梁鼎芬两湖书院手札. 武汉：武汉出版社，2016.

14. 李忠智. 张之洞墨迹选. 扬州：广陵书社，2009.

15. 冯天瑜. 张之洞评传. 郑州：河南教育出版社，1990.

16. 唐浩明. 张之洞. 北京：人民文学出版社，2001.

17. 徐珂. 清稗类钞. 北京：中华书局，1984.

18. 裘毓麐. 清代轶闻. 北京：中华书局，1989.

19. 李春光. 清代名人轶事辑览. 北京：中国社会科学出版社，2004.

20. 王嵩儒. 掌固零拾. 彝宝斋印书局，1936.

21. 刘成禺. 世载堂杂忆. 沈阳：辽宁教育出版社，1997.
22. 况周颐. 眉庐丛话. 太原：山西古籍出版社，1995.
23. 孙静安. 栖霞阁野乘（外六种）. 北京：北京古籍出版社，1999.
24. 陈恒庆. 谏书稀庵笔记. 呼和浩特：远方出版社，2004.
25. 李详. 药裹慵谈. 南京：江苏古籍出版社，2000.
26. 金武祥. 粟香随笔. 南京：凤凰出版社，2017.
27. 孔祥吉. 晚清佚闻丛考. 成都：巴蜀书社，1998.
28. 冯治，刘永彪. 民国名人逸闻. 南京：江苏古籍出版社，1997.
29. 孙建. 沧州联话. 未刊稿.
30. 王玉良. 张之洞研究. 沧州：南皮县张之洞研究会，2010.
31. 王德乾，等. 民国南皮县志. 台北：成文出版社，1932.
32. 张锳. 咸丰兴义府志. 贵阳：贵阳文通书局，1914.
33. 刘显世，等. 贵州通志. 1948年铅印本.
34. 湖北省政协文史资料委员会. 湖北人文景观选粹//湖北文史资料：总第52辑，1997.
35. 政协武汉市委员会文史学习委员会. 武汉文史资料文库. 武汉：武汉出版社，1999.
36. 政协武汉市委员会文史资料研究委员会. 张之洞遗事//武汉文史资料：总第23辑，1986.
37. 胡君复. 古今联语汇选. 北京：西苑出版社，2002.
38. 龚联寿. 联话丛编. 南昌：江西人民出版社，2000.
39. 倪星垣. 联语粹编. 献县朱惠民影印本，2010.
40. 王文濡. 联对大全. 上海：中华书局，1928.
41. 张伯驹. 素月楼联语. 上海：上海古籍出版社，1991.
42. 黄际遇. 畴盦联话. 广州：中山大学出版社，2019.
43. 顾平旦，常江，曾保泉，等. 中国对联大辞典. 北京：中国友谊出版公司，1991.
44. 常江. 中华名胜对联大典. 北京：国际文化出版公司，1993.
45. 刘作忠. 湖北名胜楹联. 武汉：湖北人民出版社，1988.
46. 邹雷. 南京历代楹联. 南京：南京出版社，2016.
47. 邓洪波. 中国书院楹联. 长沙：湖南大学出版社，1999.
48. 刘习贞. 楹联拾趣. 沧州：沧州市文化局，1995.

49. 姚彤章. 畿辅先哲祠崇祀先哲牌位. 石家庄：河北博物馆，1936.

50. 陈毅. 长沙张文达公荣哀录. 北京：北京德兴堂印字局，1909.

51. 朱彭寿. 古今人生日考. 北京：北京图书馆出版社，2003.

52. 王向英. 略论张之洞幕府兼与曾国藩幕府比较. 河北大学历史学硕士学位论文，2003.

53. 邓先海. 方悟离乡庄舄老 劳歌已为楚人吟——漫谈张之洞在湖北的楹联创作及书法. 武汉文博，2011（4）.

54. 安东强. 张之洞与晚清科举考试风气. 暨南学报（社会科学版），2014（7）.